スウェーデンボルグのことばと思想

永生への扉をひらく

高橋和夫

青土社

スウェーデンボルグのことばと思想　目次

まえがき　11

第一部　スウェーデンボルグのことば

第一章　不滅の霊魂と持続する意識　19
1　霊魂または霊とは何かが一般にはほとんど知られていない
2　「霊魂」または「霊」とは、肉体の内部で生きている人間そのものであり、死後、霊魂は「霊」と呼ばれる
3　死は人間の生命の継続であり、万人にとって肉体の死は蘇生である
4　肉体の死後数日間に何が起こるのか——スウェーデンボルグの「臨死体験」から

第一章　解説　32

第二章　肉体の死と霊の蘇生・覚醒の全過程　39
1　霊界・天界・地獄、「霊たちの世界」とは何か
2　霊界は固定した場所ではなく、心の「状態」である
3　肉体の死から始まる霊界への移行のプロセス——時間軸に沿って

第二章　解説　63

第三章　天界への道程　81
1　世を捨て肉の欲を断つ生活は天界へ入る生活ではない
2　天界に入る生活とは霊的な動機から正直で正しく行動することである
3　天界へ入る生活の容易さ
4　仁愛の生活から遊離した敬虔な生活は天界に通じない
5　天界と、愛の諸相——慈悲・仁愛（隣人愛）から世俗愛・自己愛まで
6　スウェーデンボルグがみずからに課した生活訓
第三章　解説　93
第四章　天界逍遥　101
1　天界の全体像、そこの時間と空間、生命の状態の変化
2　天使の衣服
3　天界の住居や街の光景
4　天使の言葉
5　天界の多様な職業
6　役立ちの王国としての天界
7　天界の統治機構とそのリーダー
8　天界での富貴と清貧
9　天界の子どもと、その成長
10　天使の性と結婚
11　天界の愛と美
12　天界の宗教——宗教・教派を超えた万人の救い
第四章　解説　135

第五章　地獄歴訪　151
1　天界と地獄の対立と霊的平衡
2　地獄の風景
3　地獄の猛火と酷寒
4　地獄の人間の顔だち
5　天界による地獄の統御
6　悪と罰の一体性
7　地獄をつくる自己愛と世俗愛
第五章　解説　162
第六章　叡智の断片　169
1　森羅万象は自然それ自身からでなく愛と知恵から発生する
2　生命の源泉とその受容体
3　人間はなぜ自分自身から生きているように思えるのか
4　愛は神の本質である
5　神の全能、全知、遍在
6　愛は人間の生命である
7　意志と理解力は人間の生命を構成する二つの能力である
8　宇宙の創造目的と神の摂理
9　何ぴとも地獄に行くように定められていない
10　神の摂理の働きについて
11　強制された宗教は人を救わない
12　悪の根深さについて
13　地位の高低や富の多寡そのものは幸福と無関係である

14　摂理と戦争
15　なぜ未来を明らかに知ることはできないのか
16　小宇宙としての人間
17　照応とは何か

第六章　解説　193

第二部　スウェーデンボルグの生涯と思想

第一章　生誕と修業時代　207

第二章　『原理論』に見られる原子論と宇宙論　217
1　原子論
2　太陽系生成論

第三章　「霊魂」を求めて——スウェーデンボルグの解剖学・生理学・心理学　235
1　霊魂とは何か
2　『霊魂の王国』
3　『理性的心理学』

第四章　転身期――宗教的危機と『夢日記』　255
1　『夢日記』
2　神学者への転身
3　後半生のおもな事績と著作
4　カントによる千里眼批判
付録1　用語解説（五十音順）　283
付録2　スウェーデンボルグ略年譜　295
付録3　スウェーデンボルグへの評言集　301
あとがき　309

巻頭言

スウェーデンボルグは神秘家としての経験を、明瞭で明確な散文で書かれた理路整然とした学術書に記録した。他の神秘主義者たちとちがって、彼は比喩的表現、感情の高揚、曖昧で極端な誇張表現は避けた。……スウェーデンボルグは見知らぬ国を記録する探険家か地理学者のように、厳密に書くことを好んだ。……議論によって説得される人は誰もなく、ただ真実をありのままに述べさえすれば、それを聞く人びとは受け入れてくれるだろう、それで十分だ、と彼は信じていた。彼はいつも論争を避けた。彼のすべての著作には手のこんだ議論は一つもなく、あるのはただ簡素で静かな記述だけである。

（ホルヘ・ルイス・ボルヘス――『見えざる存在者への証言』より）

スウェーデンボルグのことばと思想　永生への扉をひらく

まえがき

本書はエマヌエル・スウェーデンボルグの「永生」に関わることばと思想の紹介・解説である。スウェーデンボルグは北欧スウェーデンで生れ一八世紀のヨーロッパで活躍した天才科学者にして稀代の神秘家である。その科学・宗教に関するほぼ全部の手稿は二〇〇五年「ユネスコ世界記憶遺産」に登録されている。

本書の第一部では、スウェーデンボルグの全宗教著作から厳選したことば（文章）を主題別に配列し、読者がその思想の全体像と子細を、速やか、かつ正確に把握できるように構成し、解説も各章ごとにまとめた。思想、特に宗教思想は、思想家自身の生きざまと表裏一体である。そのためにスウェーデンボルグの思想の背景の理解のために、彼の生涯とその科学と哲学を「スウェーデンボルグの生涯と思想」として第二部にまとめた。またスウェーデンボルグの宗教著作には、彼独自の意味を含む用語が使われている。例えば、「生命」「霊」「愛」「真理」などである。これらの言葉は伝統的な宗教・哲学で使われる意味と若干ちがっている。「用語解説」を付録に加えたのは、こうした言葉を読者が正確に把握できるようにするためである。これもあわせて活用していただきたい。

筆者はこれまで、さまざまなスウェーデンボルグの紹介書を出版してきた。大小の、書き下ろし、翻訳、訳編などである。しかし顧みて満足できたものは非常に少ない。むろんその理由は筆者の浅学菲才のせいだが、そのほかの理由にも気づいたのである。それは次に述べるが、この反省を十分にふまえて、紹介書としては本書を決定版としたいと思っている。

本書出版の編集方針を簡潔に述べたい。本書はスウェーデンボルグ自身に語ってもらう「スウェーデンボルグのことば」である。それゆえ解説は必要最少限にとどめ、内容に関する余計な説明をできるだけ省くように努めた。読者はまず直接スウェーデンボルグのことばを読んでほしい。解説や翻訳はいわば、「無色透明」でなければならない。スウェーデンボルグのことばや思想も、二次的に加工・潤色されると、もはや彼自身のことばでなく解説者や翻訳者のことばになってしまい、原著者の思想を薄めるか歪めてしまうからである。

しかし彼のことばの編者としては、読者とスウェーデンボルグのあいだにあえて入りこんだ。そうしなければ、三〇巻にも達する厖大な著作を、時間的に限られている読者にどうやって効率的に伝達できるだろうか。これが、各章の末尾に簡潔な「解説」や、第二部として彼の思想全体の理解への手引きを加えたゆえんである。

編者としての仕事は、彼の思想の主題や文章をただ機械的に分類して羅列することではなかった。スウェーデンボルグは熱意と誠意のあふれる著述家だったから、同じテーマについて、さまざまな時点においてさまざまな視点から説明しようと努めている。その努力にもかかわらず、彼の論述は時として分かりにくかったり冗長だったりする。また彼は、前述のように、自分の独特な霊的体験や霊的思索を読者に伝え説明するためには、既存の哲学や宗教の用語では難しいと感じ、伝統的・慣習的意味をできる限り温存しつつも、新しい概念を表す言葉を選択した。そのため、他の思想家のするようには、新しい用語を厳密かつ十分に定義しないまま使用することがしばしばあった。「用語解説」を付け加えることも編者の仕事の一つだった理由である。

編者の役割は、いわば「訓詁」の学に徹することである。孔子は「述べて作らず、信じて古《いにしえ》を好む」と言った。宇野哲人の通釈によれば以下の意味である。「私は古人のすでに言っていることを受け伝えてこれを述べるばかりで、まだ古人の言わないことを自ら作り出すことはしない。古人の作ったことにあらゆる理が備わっているから、私は深くこれを信じて疑わず、篤《あつ》くこれを好んで厭《いと》わないのである」（『論語新訳』講談社学術文庫。大意をとって要約）と。スウェーデンボルグの思想の深部にまで浸透するのは容易なことではない。彼のさまざまな言説を丁寧に比較・分析して、あくまでも彼の著述した枠内で、主観を排してその真意を究明することが「訓詁」の学であると思う。

先にも述べたように、スウェーデンボルグの数万ページにも及ぶ著作や遺稿・書簡類のほぼ全部の手稿が二〇〇五年に「ユネスコ世界記憶遺産」に登録された。一八世紀ヨーロッパの科学と宗教の両方を反映した最大級の分量の草稿コレクション（「スウェーデンボルグ・コレクション」と命名されている）であること、またその聖書解釈が新地平を切り拓き後世のキリスト教に甚大な影響を与えつづけているということが、そのおもな登録理由である。じっさいに彼の著作は多くの言語に訳され世界中で読まれている。現在の我が国では無視や異端視は減ったとはいえ、まだその思想の大きさと貴重さが十分に理解されているとは言いがたい。これが「スウェーデンボルグへの評言集」を付録に加えた理由である。広い分野の人びとの評言をぜひ読んでほしい。

現在、我が国では超高齢時代を迎え、「終活」なることばがあふれている。老後の生きがいや老後への備えを考えるのは大切だが、アンチ・エイジング、終末医療、遺産分割、葬儀、墓所など、一番重要なことを忘れた、外面的・形式的な不毛な議論が多すぎはしないだろうか。無限で永遠の神や仏ではない、有限存在者たる人間は、早晩必ず死ぬのである。この冷厳な事実と平静に向きあい、何よりも死を受け入れる覚悟こそ大切ではないだろうか。言うまでもなく、この覚悟とは、死や死後に訪れる世界への正しい理解と展望のうえに立つものでなければならない。かつて社会的な地位の高い人が「人間は死ねばゴミになる」といった独断的な本を書き、無批判的なこうした偏見に迎合して自分の生半可な死への諦念を強化できたと思い込む人びともいた。一方、巷間にあふれている雑多な霊界書によって死後生存への漠然とした興味や憧憬で満足する人びとも多い。両者ともその死生観は砂上の楼閣のように脆弱である。スウェーデンボルグの宗教思想はその普遍性と超時代性によって異彩を放っている。読者にとって本書が、死や死の先に来る世界への確固不動の展望を得る機縁になるなら、筆者のささやかな努力も報われるであろう。

第一部　スウェーデンボルグのことば

第一章　不滅の霊魂と持続する意識

1　霊魂または霊とは何かが一般にはほとんど知られていない

現代でも同じであるが、スウェーデンボルグの生きた一八世紀にも、「霊魂」とか「霊」が何であり、どういう働きをするかがほとんど知られていなかった。私たちが見て触れることができる肉体は、経験によって、また科学の進歩によってかなり詳しく知られている。心や意識も、心理学の発展によって、肉体ほどではないものの、まだ霊や霊魂よりは知られるようになっている。スウェーデンボルグはまず一般的なさまざまな無知・誤解・臆説を列挙する。

霊魂とは何かが知られない限り、霊魂（と肉体）の交流に関して何一つ知ることはできない。肉体のように、それについて何か知られているものが、そのいっさいの性質に関して全然未知なものと交流することについて語るのは不可能である。今日、誰が霊魂について何かを知っていようか。霊魂とは何か燃えているようなものと見なされていないか？　何か触知できぬ空気のようなものと見なされていないか？　……何か思考するものと見なされていないか？　霊魂に関してどんな種類の見解がいだかれているかは次のことからも明らかだ。すなわち、霊魂の座として、肉体のある部分が、例えば心臓、頭部のある部位、脳の線条体、胃、線条実質、いや小さな松果腺すらが割りあてられているのである！　以上のことから、今日では、霊魂とは何かについてまったく知られていないということが明々白々である。……人びとは、霊魂は死後もたしかに存続しているが、審判の日までそれはどこかある場所（プー pu）に留めおかれる、と信じている。霊魂は何らかの形態を有するのかと尋ねられると、それに答えるのを恐れ、けっきょく人びとは、霊魂はどんな性質ももたない、と信じているのである。

（『霊界日記』四六一六）

2　「霊魂」または「霊」とは、肉体の内部で生きている人間そのものであり、死後、霊魂は「霊」と呼ばれる

スウェーデンボルグは科学者として活動した時期に、人体の有機組織（構造）とその機能を徹底的に研究した。解剖学・生理学・医学・心理学の探究を重ね、膨大な量の著作を出版している（『脳』と題される著作だけでも千ページをゆうに超える）。その後、霊的体験と深遠な思索を経て、肉体の有機組織との密接な関連において、霊魂や霊とは何かをはっきりと知るようになった。

死後も生きていると言われている霊魂について語るなら、霊魂とは、肉体の内部で生きている

人間自身以外の何ものでもなく、したがって霊魂とは、肉体に連結している人間の純粋な部分である。そのため霊魂は肉体を手段としてこの世で果たすべき機能を果たしている。この霊魂によって肉体は生きている。死後、霊魂は霊と呼ばれる。霊は死後も同じように完全に人間の形態(human form) をとって現れる。霊は感覚を、すなわち、この世のものよりもはるかに精妙な、触覚・嗅覚・視覚・聴覚を有している。霊は欲求・渇望・欲望・情愛・愛をもち、それらはこの世のものと似てはいるが、この世のものよりも粗雑ではない状態にある。霊はそのときこの世にいたときのように考えるが、しかしいっそう明晰に考える。霊はほかの者たちと話し、また社交をもつ。これが実情であるから、もし霊が自分が他生にいるという事実を反省しなければ、自分はこの世にいるとしか考えない。こうしたことはさまざまな場合に私が聞いたところである。

　これが人間の霊魂である。そして、この霊魂は内的な人間であり、この内的な人間に役立つように肉体が形成され、この肉体がこの世では人間と見なされ、また人間と呼ばれている。それゆえ、天使たちから明白なように、この肉体の内的なものも人間に関連している。天使たちは内的な人間として、地上の人びとと同じように現れているが、このことはまた天使たちが人びとに現れたときのことを記した聖書からも知られる。ここから少なくとも、天使の形態は人間の形態であるということが明らかだ。霊魂たちが人間の形態をとって現れる理由は、天界全体はそれ以外の形態をとるように協同して働かないということである。また次のような理由もある。すなわち、天界においては天界全体がそこの最小の個々のものへ働きかけ、この個々のものがまた天界全体へ働きかけるために、天使であれ、霊であれ、そこにいる者は誰でも人間の形態をとらざるを得ないということである。

以上のことから、今や霊魂とは何かが明らかだ。また、霊魂の性質に関して言うなら、それが何かについて人間はまったく無知であるから、それは霊魂と名づけられるべきでなく、むしろ霊と名づけられるべきである。なぜなら霊は死後に生きている人間の霊魂だからである。あるいは、霊の代わりに内的な人間と呼ばれてもよいだろう。というのも、それは生きている人間自身だからである。このことがこうした事情のもとにあることを、八、九年にわたって霊や天使たちとほとんど絶え間なく交わってきたのだから、私は完全に知っておかねばならない。

（同、四六一八）

3　死は人間の生命の継続であり、万人にとって肉体の死は蘇生である

死のさいには人は骨と肉しか残さない。世で生きていたとき骨と肉は生気をもっていた。しかし骨と肉はそれ自身から生きていたのではなく、肉体に属するものに結びついたいっそう純粋な原質である霊から生きていたのである。

（『天界の秘義』二四七五）

肉体の内に現れているすべての理性的な生命は、霊魂に属している。そのどんなものも肉体に属していない。肉体は物質的であり、肉体の物質的原質は霊に付加されたもの、あるいはいわば霊にほぼ接合されたものである。それは、人間の霊が自然界で生きて役立つためである。自然界のものは物質的であり、それ自体の内にどんな生命も宿していない。

（『天界と地獄』四三二）

自然的な死は蘇生（復活）以外の何ものでもない。というのは、人間は肉体が死ぬとき、霊の中でよみがえり、霊の中で起き上がるからである。これが実情なので、死は人間の生命の継続である。なぜなら死によって人間は、自然界の生命から霊界の生命へと前進するからである。

（『黙示録講解』八九九）

肉体の死後、人はみなその霊に関して蘇生する。それは通常、心臓の拍動が止んでおよそ三日後である。当人には自分がまだ世でもっていたような肉体をもっているように思え、依然として世に生きていると想像する。この身体は物質ではなく、原質である――もっともそれは当人の感覚には物質に見えるのだが。しばらくして人は、自分が多くのさまざまな社会より成り立つ一つの世界の中にいることに気づく。それが天界と地獄の中間にある霊たちの世界である。

（『真のキリスト教』二八一）

人間がベッドで死のうが、戦闘で死のうが、それは問題ではない。というのは、人間に宿る生命的なものはことごとく、たとえ肉体の各部が一〇〇〇マイル離れて散乱しようと、一瞬のうちに集められ、共になって、その人間に似たものとなるからである。

（『霊界日記』一〇九九）

人間は死後直ちに復活する（よみがえる）。そして本人には世でもっていた身体に似た身体——似た顔、似た器官、腕、手、足、胸、胴体、胃など——をもっているように思われる。人間が自分自身を見、感じるとき、自分は世にいた人間であると言っている。しかし人間が見たり触れたりするものは、世でもち歩いた外なるものではなく、真の人間的生命に属する一つの内なるものである。

（『天界の秘義』五〇七八）

ポルヘム*は月曜日に世を去った。彼は木曜日に私と〔霊界で〕話した。そして私が彼の葬儀に招かれたとき、彼はひつぎ、参列した人びと、行列の全体、また自分の遺体が墓に横たえられる様子を目撃した。その間、彼は私とずっと話していて、「わしはまだ生きているというのに、なぜ彼らはわしを埋葬しているのかね？」と尋ねた。また彼は、最後の審判のとき甦るだろうと司

* Polhem, Christpher（1661-1751）はスウェーデンの著名な発明家で、スウェーデンボルグの若い頃の恩師。彼は九〇歳という高齢で死んだが、そのときスウェーデンボルグは六三歳だった。

祭が語るのを聞いたが、すでに彼はしばらく前から甦っていたのである。それで彼は、自分が依然として生きているのに、人間は最後の審判のときに甦るといった信仰があることや、自分自身が〔霊の〕身体の中にいることに気づいているのに、身体は復活するといった信仰があることに……驚いたのである。

(『霊界日記』小、四七五二)

4　肉体の死後数日間に何が起こるのか――スウェーデンボルグの「臨死体験」から

死後の短い眠りから目覚めた数日後に誰にでも起こることを、スウェーデンボルグは実際に体験している。いわゆる「臨死体験《ニアデス》」で、これが話題になったのはごく最近のことである。その体験は普遍的なもので科学的だという意見や、脳内に起こる一つの現象にすぎず、死後生存や他界の存在の証明にはならないという意見など、現代でも決着がついていない問題である。しかしこの問題が二〇〇年以上を経て現代に甦ったこと自体は注目に値する。

〔死後の〕このような覚醒がどのように起こるかについて、私はただ聞いただけではない。生きた体験によって示されもしたのだ。それは、私がこの過程について完全な知識をもつためである。私は肉体の感覚に関して無意識の状態に、つまり事実上、死に瀕している人びとの状態に入れられた。とはいえ、思考力をも含む、最も内なる生命は損なわれないままだったので、私は死から覚醒する人びとにまさに起こったことを感じとって記憶したのである。

私は肉体の呼吸がほとんど取り去られ、肉体のか細く静かな呼吸に連動した、霊のさらに内なる呼吸が維持されるのに気づいた。

次に、私の心臓の拍動と天的な王国（高次な天界）とのあいだに、ある種の交流が開かれた。なぜなら天的な王国は人間の心臓に照応するからである。その王国から来た天使たちが少し離れたところに見え、二人の天使が私の頭のそば近くに座った。すると、私自身の思考力と認知力はそのままだったものの、情愛がことごとく取り去られた私はこの状態の中に数時間いた。

それから、私のまわりにいた霊たちは、私が死んでいると思って離れ去った。私は防腐処置をほどこした死体の香気に似た芳しい香気に気づいた。というのも、天的な天使たち（最内奥の天界の天使たち）が現れると、死体は芳香を放つものとして感じられるからである。この香りに気づくと、霊たちは近づけない。このように、人間の霊は永生へと導かれているとき、悪霊たちから遠ざけられるのである。

私の頭のまわりに座っていた天使たちは沈黙していた。彼らの思考が私の思考と交流するだけであった。天使たちは、自分たちの思考が受け入れられると、人間の霊がその肉体から引き出されうる状態になったことを知る。彼らの思考の伝達は、彼らが私の顔をのぞきこむことによって達成された。天界での思考の伝達はこうしたものだからである。

死からの覚醒がどんなふうに起こるのかを知るために、私の思考と認知が継続した。それで私は、天使たちが最初、私が何を考えているのかを確かめようとしていることに気づいた。つまり彼らは、私の考えが瀕死の状態の人びとの考え――それは通常、永生に関するものだが――と似ているかどうかを確かめようとしたのである。また私は、彼らがそうした考えの中に私の心を留めておきたいと望んでいるのを認めた。

あとで天使たちは私にこう語った。

「人間の霊は、肉体の死の直前にもっていた考えの中に留めおかれますが、やがて、その霊自身の全般的で優勢となった情愛から流れ出る考えに戻ってゆきます」

私がはっきりと見て感じとったことだが、私の心の内部、つまり私の霊が、肉体からいわば引っ張り出されたのである……。

（『天界と地獄』四四九）

天的な天使たちは、覚醒しつつある人びとのもとにいるとき、彼らから離れない。天使たちは誰をも愛しているからである。けれども人びとがもはや天的な天使たちの仲間に加われない状態になると、人びとのほうで天使たちから離れ去ってゆく。

こうしたことが起こったあと、主の霊的な王国（天的な王国の外側の天界）の天使たちがやって来る。死から覚醒しつつある霊たちは、この天使たちをとおして光の恩恵に浴することになる。それ以前には、霊たちはただ考えているだけで、何も見ていなかったのである。

これがどのように起こるかも私に示された。天使たちは、霊の左眼が開いて見えるように、左眼の膜を鼻柱のほうへ巻きとるように思われた。これはただの見かけにすぎないが、その霊には実際のことのように思われるのである。

いったんこの膜が巻きとられたように思われたとき、光がぼんやりと見えるようになった。それは、眠りから覚めたばかりのときに半開きのまぶた越しに見える光に似ていた。ぼんやりとした光は、私には天界の色彩を帯びたものに見えたが、あとで、

「いろいろな種類の色彩があります」

と告げられた。

このあと、私は何かがおだやかに私の顔から巻きとられてゆくのを感じた。こうしたことが行われているとき、霊的な思考が覚醒した。顔からのこの巻きとりも、同様に一つの見かけである。それは、霊が自然的な思考から霊的な思考へ移ってゆくことを表象している。天使たちは可能な限り細心の注意を払って、覚醒した人間から、愛の味わいを欠くどんな観念も現れ出ないようにしている。

それから天使たちはその人に、

「あなたはひとりの霊なのです」

と告げる。

覚醒した霊が光を享受するようになると、霊的な天使たち（天的な天使よりも低次の天使たち）は、

その新参の霊に、その状態で望みうるどんな奉仕でも申し出る。そして他界に存在する事物について、その霊の把握できるものを教える。

霊が進んで教えを受けたがらないなら、霊は天使たちとの交わりから解放されるよう切望する。それでも、天使たちが霊から離れるのではない。霊がみずからを天使たちから疎遠にするのである。天使たちは誰をも愛し、何ごとにもまさって霊に仕え、霊を教えて天界へ導こうとする。こうすることに天使たちは最高の喜びを見出している。

このように霊的な天使たちから離れると、その新参の霊は今度は善霊たち（「霊たちの世界」にいる善良な霊たち）に迎えられる。善霊たちは、その霊が自分たちと仲よくしてくれる限り、霊にあらゆる援助の手を差しのべる。しかし霊の生前の生命が善霊たちの仲間に加われないようなものであれば、霊は先の場合と同様に、善霊たちから解放されるように切望する。こうした体験は、霊が生前の自分自身の生命にぴったりと合った霊たちとの交わりに入るまでくり返される。こうした霊たちのもとで、新参の霊はみずからの生活を見つけ出し、驚くべきことに、霊はそのとき、この世でおくったような生活をおくるのだ。

（同、四五〇）

人間が死後、霊界に到着すると――一般にそれは人間が息を引きとってから三日後に起こるのだが――、自分自身には、世にいたときのように生きていると思われる。すなわち自分は似たような家、部屋、寝室で、同じような服や衣類を着て、同じような仲間と気楽に……暮らしているように見える。死後、誰にもこうしたことの起こる理由は、死は死ではなく生の継続であるように見えるためである。また、自然的な生の最後の活動が霊的な生の最初の活動になり、ここから人間は、天界か地獄の中にあるであろう自分の目標に向かって前進するためである。死んでもまもない人びとがあらゆるものの内にこうした類似を見出す理由は、彼らの心が世にいたときと正確に同じように留まるためである。

（遺稿『小神学著作と手紙類』一六三）

第一章　解説

　この章は、「霊魂」（「魂」）とか「霊」と呼ばれるものがいったい何なのかについての概説である。洋の東西を問わず、「心」と「体」の区別は言うまでもなく、「心」と「霊魂」（「魂」）の区別さえ自明なものとは言えない。ただ現代では、「霊魂」のほうが「心」よりもいっそう深い領域を指す言葉かもしれない。しかしこれとても、深層心理学の使う「魂」と心霊〔学〕的な意味あいの「霊魂」はニュアンスがちがう。

　スウェーデンボルグも、その科学的時期と宗教的時期では「霊」「霊魂」の定義があいまいである。いや、もともと彼は術語をきちんと定義してかかる几帳面さに欠けるところがあったし、霊界に参入したという経緯から、術語を定義するのに苦心したはずである。

　解剖学・生理学・心理学を探究していた時期にスウェーデンボルグが使用した「霊魂（ラテン語anima）」は、おおむねアリストテレス的な、心身の生命原理、統合原理であった。ここには心霊的な響きはない。スウェーデンボルグに霊的体験がまだなかったからである。

　霊界へ入る直前の科学的著作『理性的心理学』（遺稿）で、スウェーデンボルグは「霊魂」を「純粋な英知であり、霊的な本質にして霊的な形態」「自然の原初の存在《エンス》と形態とである純粋知性を超越しつつ、かつその純粋知性に不連続的な階層によって隣接するもの」（『理性的心理学』一三七）と述べている。

霊界への参入後の長期の生きた体験は、スウェーデンボルグの霊魂観を一新した。それが本章の2にまとめられている。これをもう少し補足しておこう。彼は本来の意味で「霊魂」とは何かについて、霊魂とは「人間の最内奥のもの」または「名称を欠いた最内奥のもの」（『霊界日記』四六二七）と規定し、霊魂は個別的存在としての霊のどんな意識をも超越した「人間の霊の霊魂」（『天界の秘義』一九九九、『霊界日記』三四七四）と述べている。

以上を図解したのが図1である。

さて本章では、人間の自然的身体（肉体）の死とは何かが概説される。

スウェーデンボルグは解剖学と生理学の該博な知識や、みずからの稀有な霊的体験に基づいて、霊

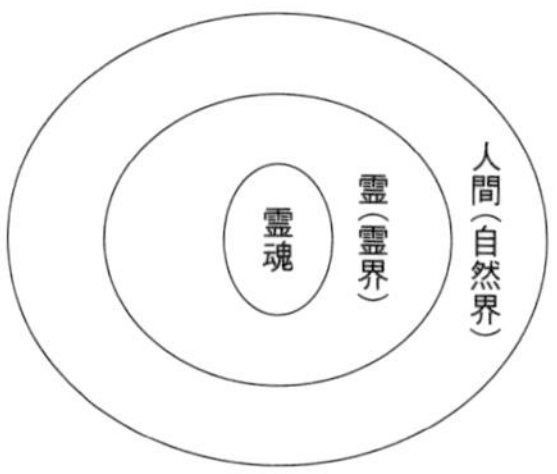

	霊魂（心身の原理）……超意識的	
人間	心（＝精神）	体（＝身体）
自然界の人間	自然的な心（意識的）	肉体
	霊的な心（無意識的）	
霊界の人間（＝霊）	霊的な心（意識的）	霊的な身体
	自然的な心（無意識的）	

図1　スウェーデンボルグの霊魂観

魂や霊のメカニズムと霊が活動する世界の実態を伝えている。

彼によれば、人間は生誕時に両親から自分の霊魂の始原を受け継ぐが、霊魂とは肉体と心の両方の形成・維持の原理である。心と言っても、それはたんなる意識ではなく、霊魂が肉体を基礎にして形成する霊的な原質である。この原質は肉体の内部を構成する個別的な霊であり、死後も朽ちない。生前、肉体をもっているとき、人間は自分の霊を直接意識せず、思考や感情の働きとして漠然と感じるだけである。

人間は、自然界で心身を有するのと同様に、霊界で「霊的な心」と「霊的な身体」を有する。霊とは霊的な心身である。肉体の活動の中心は肺の呼吸と心臓の拍動だが、この活動は霊の身体の活動に由来し、これに依存している。肉体の心臓の活動が停止すると、肉体と霊との交流が途絶える。これが肉体の死である。

肉体は元来、成層的に組織されている霊魂の最外部ないし表層に位置し、霊の衣服のようなものので、これが古びると、内部の霊から、いわば剥がれ落ちてしまう。けれども霊そのものは不死であり、分離後も完全な「人間の形態」をとって存続する。死は絶滅ではなく「移行」にすぎない。私たちのこの世の生は未来へと開かれている永生の初期の一部分である。

本章の4はスウェーデンボルグの「臨死体験《ニアデス》」の記録である。ここに取りあげたのは『天界と地獄』中の二つの節であるが、彼自身の未刊の私的な日記（後年『霊界日記』と命名された遺稿）では、次のように書き出されている。

今朝、私は瀕死の状態に陥った。これは、今にも死のうとしている人びとの状態と、死後それに続いて起こることを知るためだった。私は実際に死んだのではなかったが、肉体の感覚については一種の無感覚の状態に陥った。内的な生命は完全なままだったので、私はこの体験によって、瀕死の人びとに起こることを認知して記憶に留めることができた。……私の呼吸はなりをひそめ無感覚になっていった。……

（『霊界日記』一〇九二）

これは一七四八年の三月一日から二日かけての夜半に起こった体験である。スウェーデンボルグの霊的感覚が十全に覚醒したのは一七四七年（五九歳）頃とされるので、これは彼の霊界への参入の初期の記録に属する。

彼の体験を要約すると以下のようになろう。

①心臓や頭部の周囲に高級な霊的存在者が現れ、死に臨んでいるスウェーデンボルグが安らかな思いを保てるように細心の配慮をした。

②高級な霊的存在者から「（一般的に）死に臨む人びとは平安で敬虔な思いに浸る」と告げられた。

③非常に強力な一種の吸引力によって、「人間の生命的原質」（霊）が肉体から離脱するのを感

じた。
④最初はぼんやりとしていたが、徐々に明るく輝く光を見た。
⑤高級な霊的存在者によって死後の生活の手ほどきを受けた。

（同、一〇九二～一一二〇より要約）

スウェーデンボルグの臨死体験の記録の中に、読者にとってあまりなじみのない言葉が出てくる。「霊」「霊界」「天使」などだが、これらの用語については、次章や「用語解説」を参照してほしい。

現代の臨死体験者たちの証言は、R・ムーディの『かいまみた死後の世界』や、E・キューブラー＝ロスの『死ぬ瞬間――死とその過程について』など、ベストセラーになった著作に載っている。臨死体験者たちの体験の共通項は「核体験」と呼ばれるが、スウェーデンボルグの体験と酷似していることは明白である。

念のためにキューブラー＝ロスの著作 *On Life After Death*（邦訳『死後の真実』伊藤ちぐさ訳、日本教文社、一九九五年）にまとめられたものと、スウェーデンボルグの『天界と地獄』（一部、『天界の秘義』）中の所説との簡潔な比較対照を表1に示そう。

表のとおり両者の所説の一致は一目瞭然である。

スウェーデンボルグが近年再び注目されるようになった理由の一つに、従来は無視されていた臨死体験の研究が市民権を得たことがある。彼の生きた一八世紀という理性一辺倒の時代には、三〇年間も霊界の住民たちと交流したと主張する科学者を信じる者はほとんどいなかった。これは現代の体験者たちの真摯な証言が長いあいだ一般に受け入れられなかった事情と似ている。彼らの証言が死や死後生存の謎を解く有力な糸口と見なされるのなら、スウェーデンボルグの特殊

キューブラー＝ロス	スウェーデンボルグ
（1）肉体からの離脱と離脱した体の完全性。	人間は霊になると肉体から離脱する。霊は離脱後も、肉体と同じような機能と形態をもつ霊的な身体を有する。この身体には肉体同様すべての感覚が備わっている（440、456ほか）。
（2）肉体から離脱すると人間は超時空的存在となる。	死後の人間には時空の観念がない（162、192ほか）。
（3）「トンネル」を通過し「光の根源」へと向かう。	死後の最初の生命は、輝いた白い光によって表わされ、その光はやがて黄金やダイヤモンドの色彩を帯びる（『天界の秘義』186、4413ほか）。
（4）「あの世」で美しい光景をみる。	来世では天界の光を絶え間なく受け、美しい春の季節を味わって生きる（411、489ほか）。
（5）自分を保護する霊的存在と出会う。	すでに霊となっている者たちが、新参の霊に親切のかぎりをつくし、他界のことを教える（450ほか）。
（6）記憶の存続と、より高次な認識力の獲得。	人間はこの世を去るとき、自分の記憶をすべて身につけていく。死後、理知と知恵はたえず完成に向かう（462、469ほか）。
（7）死後、「天国」「地獄」として描かれてきたものに遭遇する。生前の生き方が死後の意識の状態を決定する。	死後、人間は生前送ったような生活を続け、自由意志によって、天界であれ地獄であれ、みずからに適した霊界での居住地を選ぶ（470、472ほか）。
（8）死は別のかたちの命への移行にすぎない。	人間は死によって自然界から霊的な世界へ移行するが、地上の肉体以外は自分のすべてのものを携えていく（445、461ほか）。

表1　臨死体験についての所説の一致点

な体験も十分に考慮に値しよう。

ただ、彼の体験と現代の臨死体験者たちの体験のちがいには注意したい。彼らの証言が死（と思われるもの）を垣間見たにすぎないのに反して、スウェーデンボルグの体験が霊界に入ってからの体験である点である。この点について、かつて国際臨死体験研究会の会長を務めた、コネチカット大学の心理学教授、ケネス・リングは次のように述べている。

スウェーデンボルグはみずからの個人的体験の基礎を踏まえて現代の臨死体験が発見したものを先取りしているようだ。彼が多くのことを語りえたのは、真にまったく異例なことなのだ。臨死体験者たちは本質的に死の入口をかいま見たにすぎない。彼は死という家全体を探索したのだ。

第二章　肉体の死と霊の蘇生・覚醒の全過程

前章では、肉体の死、霊魂、霊などについて述べた。そしてスウェーデンボルグの「臨死体験」に注目した。この章では、死後の人間の内部が時間の経過ないし「状態」の変化とともに、どうなってゆくのかが諄々と述べられる。

1　霊界・天界・地獄、「霊たちの世界」とは何か

他界、他生、死後の世界と言っても、私たちはごく漠然としたイメージや観念しかもちあわせていない。スウェーデンボルグ自身も、独自の霊的感覚によって見えたり聞こえたりしたことを表現する言葉の選択に苦慮したにちがいない。従来使われていた言葉では十分に表現できないときには、それを定義しなおしたであろう。あるいはまったく新しい用語を創らなければならなかったであろう。本節では彼の所説の理解に必要と思われる基本的な用語を提示する。まず、他界の大まかなイメージを把握したい。

霊界は天界と地獄から構成される。天界は頭上に、地獄は足下にある。地獄は人間の住む地球の中心にあるのではなく、霊界の諸領域の下方にある。これらの領域は起源から言って霊的であり、したがって空間の中に拡がっているのではなく、そのように拡がっているという外観（見かけ）をもつにすぎない。天界と地獄のあいだには巨大な中間領域があり、これはそこにいる者たちには一つの完全な世界のように見える。……（地上の）人間はその霊に関してこの領域の真ん中にいる。それはもっぱら各人が自由意志をもつためである。この領域はきわめて広大で、そこにいる者たちには巨大な球体のように見える。そのために、これは霊たちの世界と呼ばれている。……霊たちの世界にはどんな煉獄もない。

（『真のキリスト教』四七五）

人間は誰でも死後、まず天界と地獄の中間にある霊たちの世界に入っていく。そしてそこで各人は各自の時、つまり各自の状態をすごし、その生命に応じて天界または地獄への備えをする。人間が霊たちの世界に留まるあいだ、人間はひとりの霊と呼ばれる。その世界から天界の中へ上げられる人はひとりの天使と呼ばれるが、地獄の中へ投げこまれた人はひとりのサタンないし悪鬼と呼ばれる。これらの人びとが霊たちの世界にいるあいだ、天界への準備をしている人はひとりの天使的な霊と呼ばれ、地獄への準備をしている人はひとりの奈落的な霊と呼ばれる。その間《かん》に、天使的な霊は天界と結びつき、奈落的な霊は地獄と結びつく。霊たちの世界にいる霊はみな（地上の）人間に隣接している。なぜなら人間はその心の内的なものに関して、同じような仕方で、天界と地獄のあいだでこれらの霊たちをとおして、各自の生命に応じて天界または地獄と交流しているからである。霊たちの世界と霊界はちがうことを知らなければならない。霊たちの世界は今述べた世界だが、霊界は、天界と地獄だけでなく霊たちの世界をも含む世界である。

（『神の愛と知恵』一四〇）

天界が人類から来ていることはまた、天使的な心と人間の心は同一であり、両者は共に理解し認知し意志する能力を享受し、共に天界を受容するように形成されているという事実からも知ることができる。人間の心は天使的な心とまったく同じように賢明になりうる。この世でそうした知恵に達しないとしたら、その心が地上的身体（肉体）の内にあって、その身体の内では霊的な心は自然的に考えるからである。しかし心が地上的な身体の束縛から解放されるときは事情は異なる。そのとき心はもはや自然的に考えず霊的に考える。心が霊的に考えると、その思考は自然的な人間には把握不能の言語を絶したものになる。このように心は天使のように賢明になってゆく。……人間の霊と呼ばれる人間の内なる部分は、その本質において一人の天使であり、地上的な身体から解放されると人間の形をとった一人の天使のようになる。

（『天界と地獄』三一四）

キリスト教の世界では、天界と地獄が人類から発生するということがまったく知られていない。というのも、原初に天使が創られることによって天界が形成され、また、悪魔またはサタンは光の天使だったが、反逆して彼の仲間と共に投げ落とされることによって地獄が形成された、と信じられているからである。……しかし天界のどこにも、そのような原初に創られた天使は一人もいないし、地獄のどこにも光の天使に創られたあと投げ落とされたどんな天使もいない。天界と地獄の両方にいる者はみな、人類から来ている。天界はこの世で天界的な愛と信仰に生きた者たちから、地獄は奈落的な愛と信仰に生きた者たちから来ている。また悪魔とかサタンと呼ばれるのは、全体として考えられた地獄であり、悪魔という名称は悪魔と呼ばれる者たちがいる後方の地獄に、サタンという名称は悪霊と呼ばれる者たちがいる前方の地獄に付けられたものである。

（同、三一一）

概括的に言って、天界に現れるものは何であれ、私たちの物質世界の三物界に存在するものと全面的に似ている。……金、銀、銅、錫、鉛、貴重なまたは貴重でない石、土、地、山、丘、谷、川、泉、またそこにある鉱物界に関係する他のものが現れている。公園、庭、森、あらゆる種類の果樹、芝生、穀物畑、あらゆる種類の花・ハーブ・草で満ちた平野が現れ、さらに、これらのものから得られる油、ワイン、各種の果汁や植物界に属する他のものも現れている。他の動物、空の鳥、海の魚、爬虫類など、あらゆる種類のこれらのものもそこに現れている。それらは私たちの地上にいるものと区別できないほど酷似している。私はそれらのものを見たが、どんなちがいも認められなかった。……しかしそれでも、次のような差異はある。つまり天界に現れるものは霊的な起源から存在するが、一方私たちの世界のものは物質的起源から存在するということである。

（『黙示録講解』九二六）

かなり多くの経験から、以下のことを学ぶことを許された。すなわち、他生で彼らは親類のもの、友人、仲間、知人に会い、また生前、たんに評判から知っていたにすぎない者にも会い、こうした人びとと話しあい、最初こうした人びとと交わるのである。なぜなら、他生では距離は問題にならず、一〇〇〇マイル、いや一万マイル離れている者たちでも、彼らのそば近くにいるからである。じつに誰もが各人の生命に応じて近づけるため、すぐそばにでもいることができる。それゆえ、親類の者、両親、子ども、友人、仲間が、また、どこかでたんに知ったにすぎない者が、互いに会うのである。しかし、生前、誰かに憎しみをいだいた者たちは非常に不幸である。なぜなら、こうした者たちも共にやって来て憎みあうため、彼らはきわめて大きな苦悩と不幸に陥るからである。また、非常に多くの経験から学ぶことを許されたことだが、霊魂（霊）がおびただしくいることも、どんな障害にもならない。それで、憎しみには注意しなければならない。彼らの生命は肉体の内にあった生命に酷似しており、彼らは生命に関して、自らが肉体の生命の内にいるとしか考えていない。

（『霊界日記』二七七一）

2　霊界は固定した場所ではなく、心の「状態」である

霊界と言うと何か固定した場所のように思われがちである。スウェーデンボルグは、霊界では時間・空間が自然界のようになっていないために、霊界には場所ではなく生命の「状態」があると言う（「生命」も特殊な意味あいで使用されるキイワードであるが、「用語解説」を参照のこと）。本節ではまた、「霊たちの世界」で生じる人間の「内部」「外部」の変化が概説される。

「霊たちの世界」は天界と地獄とのあいだの一つの固定した場所ではない。それは人びとが天界と地獄とのあいだにいるときにおかれている状態である。この状態の中に、つまりこの「霊たちの世界」の中に、㈠誰であれ以下のような状態におかれるときにいるのである。すなわちその状態とは、理解力と意志とが一つのものとして働いていない状態、したがって、思考とその意志、あるいは同じことだが、真理と善、信仰と愛とが一致していない状態である。ここから「霊たちの世界」にいるのは誰であり、彼らがいつそこにいるのか、つまりいつその状態におかれるのか……が明らかであろう。㈡またこの状態の中に、みずからの内部と外部とが一致しないすべての者がいる。すなわち、人間が自分のあるがままの姿以外の姿で現れたいと願ったり、自分の考えることと以外のことを話したりするときは、その状態の中にいるのである。（同、五一六二）

㈠人間は、幼児期から成人期に至るまでも、霊の方面では「霊たちの世界」にいる。なぜなら、人間は継続的に異なった状態の中におり、そのときは自由の中にいて、矯正されうるからである。

㈡人間はまた、その全般的な状態の変化に応じて個別的にも異なった状態の中にいるが、これらの変化は無数である。

㈢人間はみな他生に入るとすぐ「霊たちの世界」にいる。なぜなら、人間はその知性的なものと意志的なものとが一つのものとして働き、その内部と外部とが一致するようになるまで、変化する状態におかれるからである。人間は（最終的には）二つではなく一つにならなくてはならず、また天界と地獄とのあいだではなく、そのどちらか一方にいなくてはならない。

㈣天界に入ることができる者たちのもとでは、悪や悪の虚偽が「霊たちの世界」にいるときに分離されることによって、（天界へ入る）準備がなされる。悪しきものたちのもとでは、彼らから真理や善が分離されるが、それは彼らが悪と悪から生み出される虚偽との中に留まるためである。

㈤ほとんどすべての者は最初、外なるものの中にいるが、やがてそれが遠ざけられることによって、霊たちのあいだでの生活のための準備をする。人間はそのとき最初は粗雑な状態の中にいるが、継続的に他生にふさわしいものとなって、霊的なものと呼ばれる。

人間の霊はこの状態の中にいるとき、自由の中におかれる。人間はあちこちへ行き、一つの社会から別の社会へと移ってゆく。あるときは天界から来る者たちのもとへ、あるときは地獄から来る者たちのもとへと移りゆき、これは善か悪が優勢を占めるまで続く。そしてこのことが行われると、善良な者は天界へ上げられ、悪しき者は地獄に投げ込まれる。

したがって、人間や霊たちがこうした継続的な状態におかれるからには、多くの者たちが地獄から呼び出されて、人間や、他生に入ったばかりの霊たちのもとにいる。地獄から呼び出されたこれらの者たちもそのとき別な状態、つまり「霊たちの世界」にいるが、彼らの役割が終わると、以前いたところへ投げ込まれる。しかし、おのおのの状態に伴う特殊なことを述べるのは、あまりに冗漫であって、多くのページを必要としよう。

人間は成人期に達するまで、変化する状態の中に、したがって「霊たちの世界」にいるが、そののちその霊魂の方面では、天界か地獄のどれかにいる。なぜなら、そのとき人間の心は一定の状態になり、めったに変化しないからである。もっとも、ある者たちのもとでは変化もたしかに起こっているのではあるが。

他生に入って来たばかりの霊たちも可変的な状態、つまり「霊たちの世界」にいる。彼らの状態に応じて、ほんの短期間だけそこに留まる者もいれば、非常に長期間留まる者もいる。

天界や地獄にいる者たちもまた、年や日という一定の期間に照応している状態の変化を絶えず経験している。しかしこれらの状態は、「霊たちの世界」に存在する状態とはちがっている。善と真理の状態が天界と呼ばれ、悪と悪より生まれる虚偽との状態が地獄と呼ばれるのとまったく同じように、「霊たちの世界」に存在する状態が「霊たちの世界」と呼ばれるのである。天界や地獄もまた状態である。

(同、五一六三～五一六九)

3　肉体の死から始まる霊界への移行のプロセス——時間軸に沿って

スウェーデンボルグの約三〇巻に及ぶ宗教著作のうち、最も多くの言語に訳され（三〇ヵ国語以上）最も広く読まれたものは『天界と地獄』である。邦訳も鈴木大拙訳を嚆矢《こうし》とし今や十指に余る。筆者も友人と共訳の形で抄訳版を出版したことがある。

『天界と地獄』は三部構成で、「天界」「霊たちの世界」「地獄」の順で書かれている。「天界」の部の冒頭が「主は天界の神である」という章になっており、若い頃これを読んで初めからほとんど理解できず面喰らってしまった経験がある。そのために後年、抄訳をしたとき、思い切って「霊たちの世界」だけを訳すことにした。この箇所こそ過去の私のような初心者が最初に読むべき部分だとの思いは今も変わらない。なぜならここでは、肉体の死から始まる、死後に万人に普遍的に生起するプロセスが時間軸にそって順を追って克明に描かれているからである。したがって本章では、このプロセスを特に『天界と地獄』の「霊たちの世界」に則して、そのエッセンスを紹介しよう。

（1）肉体の死を超えて人間は生きつづける

肉体の機能は、霊が霊界から得ている霊の思考と情愛とに照応している。肉体が自然界で、もはやその機能を果たせなくなると、人間は死ぬと言われる。人間の死は肺の呼吸と心臓の拍動が止むときに起こる。しかしそれで人間は死んだのではない。この世で役立っていた肉体の部分から分離したにすぎず、人間自身は生きつづける。人間は肉体のゆえではなく霊のゆえに人間であるため、人間自身は生きつづける。人間の内部で考えているのは霊であって、情愛と結びついた思考が人間を構成しているからである。したがって人間の死とは、一つの世界から別の世界への移行にすぎないことが明らかである。そのため聖言（聖書）の内なる意味では、「死」は復活と生命の存続を表している。

（『天界と地獄』四四五）

霊は（肉体の）呼吸および心臓の拍動と最も深く交流している。霊の思考は呼吸に関係し、愛に属する（霊の）情愛は心臓に関係する。そのためこの二つの運動が肉体内で止むと、ただちに霊肉の分離が生じる。肺の呼吸と心臓の拍動というこの二つの運動は、霊と肉のあいだの絆《きずな》そのものであって、この絆が切断すると、霊はそれ自身のもとへ去ってゆく。すると、霊という生命を欠く肉体は冷たくなって腐りはじめる。人間の霊が呼吸や心臓の働きと最も深く交流する理由は、生命的な運動はすべて、全般的にも個別的にも、この二つの働きに依存しているということである。

（同、四四六）

人間の霊は分離のあとも、しばらくは肉体内に留まる。しかしそれも心臓の完全な停止までである。心臓の停止は、人間の死を引き起こす病気によってちがっている。心臓の運動がかなり長く続く場合も、長くない場合もある。心臓の運動が止むとすぐ、人間は霊的に覚醒する。しかしこれは主（神）によってのみ遂行される。「覚醒」とは人間の霊が肉体から引き出されて霊界へ導入されることを意味する。これが通常「復活」と呼ばれるものである。（同、四四七）

何らかの病気や事故によって、肉体がその霊と一致して活動できないような状態に入ると、分離、つまり死が起こる。そのとき照応が消滅し、それとともに連結が消滅するからである。その消滅は、呼吸が停止するときではなく、心臓の拍動が停止するときに起こる。なぜなら、気絶や窒息の場合や、母胎内の胎児の生命の状態から明らかなように、心臓が動いている限り、愛はその生命の熱として留まって、生命を維持しているからである。（『神の愛と知恵』三九〇）

(2) 死後、人間は肉体と同じような霊的な身体をもち、記憶も失わない

人間は死ぬと自然界から霊界に移っていき、そのさい地上の肉体は除いて、自分のものはすべて、つまり自分の個性のすべてをそこへ携えていく。このことが、霊界でのおびただしい体験によって私に明らかとなった。

人間は霊界ないし死後の生活に入っても、この世の肉体に似た身体を備えている。そこで見たり感じたりするものにはどんなちがいもないので、肉体とちがっていないように思われる。けれどもその身体は霊的なものであるため、地上的な要素から分離され清められる。さらに、霊的な

ものが霊的なものに触れたり、これを見たりするときと、自然的なものが自然的なものに触れたり、これを見たりするときとは、まったく同じである。その結果、人間は霊となると、生前にもっていた肉体の内にいるとしか言わないし、また自分たちが死んだということさえ知らないのだ。

人間はまた、この世で享受した外的、内的なあらゆる感覚を霊界でも享受する。人間は以前のように見、聞き、話し、嗅ぎ、味わい、何かに触れるならその圧迫を感じる。以前のように憧れ、願い、渇望し、思考し、熟察し、感動し、愛し、意志する。学究生活を楽しんだ者なら、以前同様に読み書きをする。ひと言で言えば、人間が一つの生命から別の生命へ、あるいは一つの世界から別の世界へ移りゆくときは、あたかも、人間としてみずから所有するいっさいのものを携えて、一つの場所から別の場所へ移っていくようなものである。それゆえ、地上の肉体の死にすぎない死によって、人間は自分のどんなものも失ってしまったとは言えないのだ。

人間はみずからの自然的な記憶をさえ携えていく。なぜなら人間は、幼児期のごく初期から、その生涯の最後の瞬間に至るまでに、この世で見、聞き、読み、学び、考えたすべてのことを覚えているからである。しかし、記憶内に宿る自然的な細目は霊界では再生されない。そのためその細目は、人間がそれについて考えないときとまったく同じように、不活発なままである。それにもかかわらず、主が望まれるときは、その細目は再生する。

（『天界と地獄』四六一）

（3）人間は「霊たちの世界」で三つの「状態」の変化を経験する

人間は死後、天界か地獄のどちらかに入る前に三つの状態を通過する。その第一は外部の状態、第二は内部の状態、第三は準備の状態である。人間はこれら三つの状態を霊たちの世界で通過する。これらの状態を経ないで、死後ただちに、天界へ上げられる者も、地獄へ投げ込まれる者もいる。

（同、四九一）

外部の状態は……人間が死後ただちに入ってゆく状態である。人間の霊には外部と内部がある。霊の外部とは、霊がこの世で自分の肉体を——特に顔の表情・話し言葉・身振りを——他人との交わりに適合させる手段である。一方、霊の内部とは、霊そのものに属する意志と意志から発現する思考である。この内部は顔の表情・話し言葉・身振りにはめったに現れない。幼少の頃から人間は、友情・慈愛・正直などを装って、自分の意志から出る思考の内容を隠すことに慣れているので、内面的にはどうであれ、外面的には道徳的で社会的な生活習慣を身に付けているからである。この習慣の結果、人間は自分の内部をほとんど知らないし、またそれについて考えてもいないのである。

（同、四九二）

死後の第一の状態は、この世での状態に似ている。なぜなら人間はそのとき外部では以前と同じであり、同じ顔・話し言葉・気質をもつので、同じ道徳的で社会的な生活をおくるからである。

それゆえ人間は、自分が遭遇していることに注意を払わず、また自分が死から覚醒したとき、天使たちから「あなたは霊になったのですよ」と告げられても、それを心に留めなければ、自分はまだこの世にいるとしか思わないであろう。このように、一つの生命は別の生命へと連続しており、死はたんに移行にすぎないのである。（同、四九三）

(4) 第二の「状態」においては、人間の「内部」が活性化する

死後の第二の状態は「内部の状態」と呼ばれる。人間はそのとき心の内部、すなわち意志や思考が活動している内部へ入れられ、第一の状態に関わっていた外部は眠り込んでしまうからである。……思考には外的と内的の二種類があって、外的な思考に基づいて話す者もいれば、内的な思考に基づいて何か別なことを感じる者もいる。これら二種類の思考は分離している。内部が外部に流れ込んで、内部が何らかの形で表出しないように用心しているからである。人間は内的な思考が照応によって外的な思考と一つになるように創られている。善を宿す人びとの場合には、良いことだけを考え話すので、この二つの思考は事実一つになっている。しかし悪を宿す人びとの場合には、内的な思考と外的な思考は一つにはならない。彼らは悪いことを考えながら、善いことを口にするからである。彼らのもとでは秩序が逆転し、外部にあるものが善で、内部にあるものが悪である。したがって彼らの場合には、悪が善を支配し、善を奴隷のようにみずからに服従させている。そうなると、善は悪しき愛の目的を達成する手段として仕えるようになる。彼ら

が話したり行なったりするときの善には、こうした目論見《もくろみ》が隠されているので、そのような善はけっして善とは言えない。内部を知らない者たちに外見がどんなによく見えようとも、その善は悪に汚染されているのである。善を宿す人びとの場合には秩序が逆転しておらず、善は内的な思考から外的な思考へ、ひいては話し言葉や行動へと流れ込んでいる。

（同、四九九）

意志とか思考と言われるが、そのときの意志とは情愛や愛のことである。また同時に、情愛や愛から生まれるあらゆる喜びや楽しみのことである。なぜならこのすべては、主君としての意志に仕える臣下のような者だからである。人間は自分が欲するものを愛し、それを喜ばしく楽しいものと感ずる。逆に言えば、人間は自分が愛するものや、喜ばしく楽しいと感ずるものを欲するのである。一方、思考とは、情愛や愛が確認されるすべてのものを意味する。というのは、思考はたんに意志の形、つまり人間が意図するものを光の中へもたらす手段にすぎないからである。

（同、五〇〇）

人間の本当の性質は、その内部の性質であって、内部の性質から分離した外部の性質ではないということを知らなければならない。なぜなら内部は人間の霊であり、人間の生命は霊の生命だからである。肉体が生きているのは、この霊の生命によっている。したがって、人間の内部の性質は永久に存続する。しかし肉体に属する外部は、死後、分離する。ただ外部でも、霊に付着している部分は眠りについて、内部に対する基盤として役立つようになる。
（同、五〇一）

（５）「内部の状態」が霊の本来の状態である

霊となった人間が内部の状態にいるときは、自分自身の中に、自分の真の生命の中にいるのである。自分自身の情愛に基づいて自由に考えることが人間の真の生命であり、自分そのものだからである。霊はこの状態においては、自分の意志そのものから、したがって自分の情愛や愛そのものから考える。このとき思考と意志は一つになる。しかも、霊が考えることが即、意志することとしか見えないような形で一つになる。
（同、五〇二、五〇三）

人間は誰であれ、死後この状態へ入れられる。なぜならこの状態こそ、霊本来の状態にほかならないからである。第一の状態は、人間が他人と一緒にいたときの霊の状態であって、それは霊に固有の状態ではない。……外部の状態は人間の本来の状態でも、霊の状態でもないということは、次の事実から明白である。すなわち、人間がこの世で他人と一緒にいるときは、社会生活に必要な道徳律や法律に一致するように話すが、そのときは内的な思考が外的な思考を支配しているという事実である。それはちょうど、ひとりの人間が他人を支配して、礼儀作法に反しないようにさせるのと同じである。このことはまた、人間が自分自身の内部で考えているとき、他人を喜ばせ、友情・好意・恩恵を得るにはどう話しどう振舞ったらよいかを考えるという事実からも明らかである。このとき人間は、自分の意志に一致して振舞うのとはちがったよそゆきのやり方で考えているのである。以上から分かることは人間の霊が入れられる内部の状態とは、霊固有の状態であり、また生前の人間自身の状態でもあったということである。

（同、五〇四）

（6）死後、人間はみずからの愛になり、意志になる。この優勢となった愛は永続する

死後、人間はみずからが宿していた愛になり、意志となる。これは、私が再三目撃した体験から確信するようになったことである。天界全体は、愛から発現する善の相違に基づいて、いくつかの社会に区分されている。天界に引き上げられて天使になる霊は、ひとり残らず、みずからの愛がある社会につれてゆかれる。いったんそこに着くと、そこが自分の落ち着くべき場所となって、まるで自分の生まれた家にいるかのようである。天使はそう感じて、自分と同じような者たちと厚い親交を結ぶ。そこを出て、どこかほかの場所に行くと、ある抵抗感が絶えずつきまとう。それは、自分と同じような者たちがいるところへ帰りたいと願う気持ちが影響して、みずからの優勢となった愛に気持ちが傾くからである。それほど天界では厚い親交が結ばれているのである。同じことが地獄でも当てはまる。そこでも人間は、天界の愛とは反対の愛に基づいて親交を結んでいる。

……死後、人間はみずからの愛になるというのは、死後、本人の優勢となった愛と一致していない諸要素の剥脱が、つまりある種の除去があるという事実からも確証できるだろう。善人なら

ば、その善と一致・調和しないものはすべて剥脱し、いわば除去されてしまい、人間は自分自身の愛に落ち着くのである。同じことが悪人の場合にも起こる。ただちがいは、善人からは虚偽が除去されるのに対して、悪人からは真理が除去されるという点にある。こうして、ついには誰もが自分自身の愛になる。このようなことが起こるのは、霊となった人間があとで述べる第三の状態に入ったときである。この状態に入ると、人間は絶えずみずからの内的な愛に顔が向かい、どこを向いても眼前にはつねにその愛があるようになる。霊はみな、例外なくどこへでも行くことができる。しかしそれも、みずからの優勢となった愛の範囲内に限定される。

(同、四七九)

永久に、人間は意志や優勢となった愛に関してはそのままでありつづける。これも私が数々の体験で確認したことである。私は二〇〇〇年も前に生きていた人びとと話をする機会を得た。その人びとは、その生涯が歴史に留められている著名人である。そこで気がついたのだが、彼らは伝えられているとおりで、彼らの人生の源泉であり、また指導原理であった愛についても、依然として変わっていないのである。このほかにも、歴史に名を残した、一七〇〇年前に生きていた人びとがいたし、四〇〇年前、三〇〇年前の人びととも話すことができた。そうして分かったことは、彼らの内には、以前と同じ情愛が今も優勢となっているということであった。唯一のちがいは、彼らの愛の喜びが、それに照応するものに変わっていたということだけである。

天界的で霊的な愛をもっている人は天界に至り、天界的で霊的な愛ではなく、肉体的で世俗的な愛をもっている人は地獄に至る。このことを私が確信できたのは、天界に引き上げられたり、地獄に落とされたりした人びとをつぶさに見てきたからである。天界に引き上げられた人びとは、自分の生命を天界的で霊的な愛から得ていたが、地獄に落ちた人びとは、自分の生命を肉体的で世俗的な愛から汲み取っていた。天界的な愛とは、善で、正直で、正しいことを、それが善で正直で正義であるがゆえに愛することであり、そして、愛するがゆえにそれを行うことである。こうした愛をもつ人びとは、天界的な生命である善と正直と正義の生命を有している。このように、善・正直・正義をそれ自体のために愛し、それを行い、それに生きる人びとは、何ものにもまさって主を愛することにもなる。なぜなら、それらは主に由来しているからである。また彼らは隣人を愛することにもなる。なぜなら善・正直・正義は愛されるべき隣人だからである。

（同、四八一）

（7）邪悪な人間の内部の状態と、善霊と悪霊の分離

霊たちがこの第二の状態に入ると、生前の本来の性質がそのまま現れ、内密に行なったり言ったりしたことがあらわになる。というのも、今や外面的な事柄に拘束されないので、生前のよう

に世評を恐れることなく、彼らはかつて内密にしていたことを公然と語り行うからである。また彼らは、みずからの悪のさまざまな状態にも入れられるので、天使や善霊たちにも彼らの本来の性質が分かるようになる。こうして、内密のことがあらわにされ、秘事が暴露される。

（同、五〇七）

悪霊は第二の状態にいるとき、あらゆる種類の悪に突っ走るので、しばしば手厳しく罰せられる。「霊たちの世界」にはさまざまな種類の罰がある。この世で王であったにせよ奴隷であったにせよ、身分は問題ではない。悪はすべてその罰を伴い、悪と罰は一体である。それゆえ、悪を宿すものは悪の罰をも宿すことになる。しかし他生では誰でも、この世で行なった悪のために罰せられることはなく、そのときに行う悪のためにだけ罰せられるのである。もっとも、この世で行なった悪のために罰せられると言っても、他生で行う悪のために罰せられると言っても、結局は同じことである。各人は死後、自分自身の生命に、したがって生前と同じような悪に返って、同じような性質をもちつづけるからである。

人間が罰せられるのは、罰に対する恐怖がこの状態における悪を抑える唯一の方法だからである。このとき各人は自分の本性から行動するので、忠告・教訓・法律に対する恐怖・名誉失墜の恐れなどは、もはや何の役にも立たない。この本性は罰によってのみ抑制され打破されうるからである。しかし善霊たちは、この世で悪を行なったとしても、そのために罰せられることはけっしてない。なぜなら、彼らの悪はもう戻ってこないからである。また私が学んだことだが、彼らの悪は異なった種類や性質のものである。彼らの悪は真理に反して故意に為されたものではない。また、彼らが両親から遺伝的に受け継いだものは別として、悪意から為されたものではない。それは、彼らが内部から分離した外部の中にいたとき、盲目的な喜びに誘発されて為されたものである。

（同、五〇九）

悪霊が善霊から分離するのは、この第二の状態においてである。というのは、第一の状態では、霊たちは外部の状態におり、そのあいだはこの世にいたときと同じで、悪人は善人と、善人は悪人と一緒にいるからである。しかし霊が内部へ入れられて、その本性、つまり意志に委ねられると事情が変わってくる。

悪霊が善霊から分離される方法はさまざまである。一般的には、悪霊たちが第一の状態にいたときに善い考えや情愛をとおして結合していた社会——彼らが、自分たちは悪くないのだと外見的に信じこまされていた社会——へ連れて行かれることによって分離される。彼らはたいてい、広範囲に連れまわされ、至るところで善霊たちに、あるがままの自分をさらすことになる。善霊たちは彼らを見ると顔をそむけるが、同時に、連れまわされている悪霊たちも善霊たちから顔をそむける。そして彼らが入ろうとしている地獄の社会の方向に目をやる。

（同、五一一）

（8）第三の状態は教えを受ける、準備の状態である

死後の人間、ないし人間の霊の第三の状態は、教えを受ける状態である。この状態は天界に入って天使と成る者たちのためのものであって、地獄に入る者たちのためのものではない。なぜなら地獄に入る者たちには教えを受ける能力がなく、そのため彼らの第二の状態がそのまま第三の状態であり、最終的に彼らはもっぱら自己愛に、したがって同じような愛を宿す地獄の社会に向かうからである。こうなると彼らは、みずからの愛から意志し考える。しかしその愛は奈落的なものであるため、悪以外に意志することは何もなく、また虚偽以外に考えることは何もない。これらは彼らの愛に属しているので、彼らの喜びになっている。こうして彼らは、以前には自分たちの愛に手段として役立ったために採用していた善や真理を、ことごとく捨て去るのである。

一方、善霊たちは第二の状態から第三の状態に導かれる。この第三の状態は、教えを受けることによって天界へ行く準備をする状態である。誰であれ真理と善を知らずに、すなわち教えを受けずに、天界へ行く準備をすることはできないからである。教えを受けなければ、霊的な善と真理が何であり、またそれらと反対の悪と虚偽が何であるかを知ることはできない。正義や正直と呼ばれる社会的、道徳的な善と真理が何であるかは、この世でも知ることができる。なぜなら、この世には民法があって、正義とは何かを教えてくれるし、また社交もあって、人間はそれによって正直や公正に関係する道徳律に従って生活することを学ぶからである。しかし霊的な善と真理は、この世からではなく天界から学ばれる。

（同、五一二）

悪しき生命は善き生命に、地獄の生命は天使の生命にけっして転換できない。なぜならどんな霊も、頭の天辺《てっぺん》から足の爪先まで本人の愛や生命とまったく同じものであり、これを反対のものに転換することは、その霊を完全に殺すことになるからである。天使たちは

「ふくろうを鳩に、みみずくを楽園の鳥に変えるほうが、地獄の霊を天界の天使に変えるよりもやさしい」

と明言した。

人間は生前もっていた生命を死後もそのままもちつづける。……誰ひとり無条件な慈悲によって天界に迎え入れられることはないのである。

（同、五二七）

第二章　解説

本章では、霊の生きる世界である霊界の基本的な把握をしたあと、死んだ人間が経験するその「生命の状態」の継続的な変化が克明に叙述される。

私たちは天空や大地を含むこの自然界で、心身を備えた人間として社会的生活をおくっている。死んで肉体が滅べば自然界や社会から分離する。現世で依然生きている人間には、死んだ人びとは、死後にどこかで生きているか、眠っているか、心も絶滅して無となっているかは分からないが、ともかく現実の自然界には存在していない。

臨死体験者は現実に死んでしまったのではない。死にかけたと彼らに思われたときの体験を、記憶を蘇らせて語っているにすぎない。だから彼岸ではなく此《し》岸の体験と考え、その体験を脳内に起きた何らかの事象にすぎないと考える人もいるのである。

本章はその意味でスウェーデンボルグの一過性の臨死体験の記録ではない。本書の中核を成すこの章でとりあげたのは、彼の三〇年にも及ぶ、広大な霊界のいわば探検記であり航海日誌であると言えるものである。むろんそれはたんなるメモではなく、独自な観察に基づく、異界の構造・成り立ちの分析と総合である。それだけでなく、そこには人間の社会・道徳・宗教に関わる、死後の意識状態の変化の鋭い観察も見られる。また、善や悪の極限概念とも言える天界と地獄や、中間世界の見聞報告もある。このように本章は、前人未踏の人間の心の秘境の探検記と言えるであろう。

他界の全体像を知るためには、まず予備的理解が必要である。私たちは或る町を知ろうとするとき、手始めに近傍の見晴らしのよい丘か高いビルの屋上に登り、町全体を鳥瞰する。それから町中に入って個々の街路や建物を実地に訪れ、そこの住民と話をする。このように全体から始めて個別的事物や事象を順を追って把握するであろう。

スウェーデンボルグは、霊界には自然界のように空間や時間がなく、その外観（見かけ）があるにすぎない、と言う。霊界には、空間に代わって「生命の状態」があり、時間に代わって「生命の状態の変化」があるとされる。「生命」は私たちにとって必ずしも自明な概念ではないから、ましてその「状態」とは何かはさらに理解しにくい。これについては現時点では論じない。スウェーデンボルグは、霊界には見かけの上での空間もあり時間もあると言っている。そして、外観的にそこの空間はこの世の空間のように固定しているように見え、時間は流れているように感じられるとして、霊界の光景をいわばこの自然界の光景のように外観的に描写して私たちに示そうと努めている。

それゆえ彼は、2で、霊界の空間や時間は固定した場所でも、時間のたんなる継起でもない、と念を押している。このあたりの詳細については第四章1を見てほしい。

本章1・2で整理されている要点は次のとおりである。

私たちが心身をもって暮らす世界である自然界から原理的に隔絶されたいわば深層に、霊界が存在する。霊界は大別して天界と地獄と、その中間世界である「霊たちの世界」の三層から構成されている。「霊たちの世界」はローマ＝カトリック教会で言う、煉獄（死者が天国に入る前に、火によって霊を浄化する場所と信じられている世界）ではない。

霊界には物質的世界に現れるすべてのものが現れている。そこには、初めから人間とはちがう種としての霊的存在者は皆無である。いわゆる神話的存在であるミカエルとかルシファーなどの天使、悪魔、サタンなどはいない。かつて自然界で生をうけ、この世で死んで霊となった人間しかいない。その霊の宗教的・倫理的・社会的な性格を縦糸に、美的・感性的志向や気質を横糸にして、複合的に組織された広大無辺な世界であり宇宙である。一言でいって、善良な霊は天界に、邪悪な霊は地獄に住む。天界も地獄も無数の社会から成り立つ。「霊たちの世界」はこの世つまり自然界に近接している。この世の私たちはこの中間世界の霊たちと、双方が無意識の交流をしているとされる。自然界と霊界は両界とも法則によって秩序づけられた世界である。両界は「不連続的なつながり」である「照応」によって結ばれている。

3からは、肉体死→霊界への移行→霊界での心（意識）の状態の変化といった、いわば時間軸に沿って人間の死後の生の実態が描かれる。個々の人間がたどる死後の普遍的な過程に焦点をあてて、宗教的というより心理学的に説明されているので分かりやすい。もっとも善悪という倫理的分析が無視されているわけではない。生前は意識の深奥に隠されていたエゴや偽善が白日のもとにさらされるという、人間心理の暗黒面もえぐり出されている点を見落としてはならないだろう。

さて人間は古代から蝶を不死の象徴と見なした。完全変態を行う蝶の幼虫が成虫になる前の段階で、食物をとらずほぼ静止状態となったものが蛹である。これが羽化して美しい蝶となり、空中へ飛翔して自由で完全な生を享受する。同じように、肉体という自然的身体を古びた衣服のように脱ぎ捨てた人間は、霊的な原質で組成された身体をもって霊界で永遠に生きる。自然界での生は永生の最初の一部分にすぎない。

一方、肉体を脱いだ人間の心は、その自然的な部分が剥落するため、いちだんと内的に完全なものとして意識されるようになる。これが霊的な身体の内部にあるように見える霊的な心である（三三ページの図1を参照されよ）。

死後にはこの霊的な心が意識の中心を占め鮮明になる。生前に意識されていた自然的な心は、霊となった人間にとって逆に不活性な無意識の領域へと後退する。二つの心の中核に存在するとされる霊魂そのものは、生前死後を問わず、人間にとっては無意識というよりも超意識の領域にある。

肉体の死を経ても人間の魂や霊が残るという、いわゆる霊魂の不死は、古今東西の誰もが考えた宗教の普遍的テーマである。死が（霊）魂すなわち意識の絶滅でなく、不死であるかどうかという問いは、例えば哲学者カントが「神の存在」「自然の因果律を超える自由意志の存在」と共に、古来、形而上学が取りあげた三つの根本的な問いだとした。カントは人間の「理論理性」はこれらの問いに答える能力を備えておらず、倫理的な意志つまり「実践理性」の「要請」としてのみ肯定的に答えうるとした。

仏教や他の宗教の中には、肉体の死のあとの人間の「生命」について次のような考えが見られる。それは、肉体の死後、個々人の生命は、その発生源であった大生命の中へ帰還し吸収されて、より大いなる生命としてさらに生きるというものである。これには輪廻転生の思想が絡んださまざまなバリエーションがある。プラトンの『国家論』に出てくる「戦士エルの物語」などはこの部類に属する。

生命が大生命に帰還するという思想は、私見だが、肉体（脳）が滅べば心（意識）も無になるという唯物論と同じである。なぜなら個別の生命が一滴の水が大海に帰ってゆくように、大生命の懐《ふところ》に帰ったところで、個別の生命の意識がどうなるかが説かれていないからである。むろん前述した「人間は死ねばゴミになる」といった投げ遣りな考えよりはましな考えではあるが、自分が自分であるという「自己同一性《アイデンティティ》」が溶解してしまうから、絶滅であることに変わりはない。生あるものはそれが生まれ出た大地や自然に帰ると言っても同じである。輪廻転生も他者へ自分が生まれ変わる以上、自己同一性は原理的に消滅してしまう。スウェーデンボルグは輪廻という現象を考察の対象にしている。しかしそうした現象の起きる理由を、一種の霊界の霊の一過性の憑依として説明し、あまり問題視していない。

カントは『純粋理性批判』などのいわゆる三批判書を出版する以前に、『視霊者の夢』と題された小著で有名なスウェーデンボルグ批判を行なった。この批判そのものには第二部第四章4で少し立ち入って論じたいが、この書で述べられるカント自身の「霊魂の不死」についての次のような言明は傾聴に値しよう。

死によって一切が終わるというような思想に耐えることができた正しい魂、また、その高貴な心根《こころね》が未来の希望へと高められなかった正しい魂は、おそらくいまだかつて一つも存在しなかったであろう。

カントの言い回しは多少難しい。要するに真実かつ誠実に生きた魂のもち主は、「人間は死ねばゴミになる」といった虚無的な思想を相手にしなかった、ということである。

スウェーデンボルグを批判した若きカントが、自らの将来の批判哲学や倫理宗教の結論を先取りし、かつスウェーデンボルグの所説に一致する考えをここで述べていることは興味深い。カントやスウェーデンボルグの考える魂の不死とは、要するに個人の自己同一性《アイデンティティ》の存続である。自己同一性の意識に最も関係するのは記憶である。自己同一性の連続を支えるのは記憶の持続である。

科学的に霊魂《アニマ》を探究していたスウェーデンボルグにとって、霊魂は人間の心身の生命的原理であった。これはいわば推理された抽象概念であって、彼が五感をもって経験的に実感したものではない。ところが徐々に霊的な感覚が開かれるにつれて、霊魂は霊として、抽象的思考の産物ではなく、自然な人間の感覚よりもいっそう精妙な感覚によって、見聞きできるのみならず、手で触れることもできる実体となった。そのときスウェーデンボルグは、自分の長年探究し続けてきた霊魂が霊的な心身を備えたこの世の人間と外見上同じ人間であることを知って驚愕し、これを「霊」または「内的な人間」と呼び、完全な「人間の形態《ヒューマンフォーム》」をとって現れると述べたのである。そして天界の天使や地獄の悪霊は決して幻想的・神話的存在ではなく、例外なく人間の形態をとった内的な人間であることを知ったのである。

死後、人間は自分が死んだことにさえ気づかないほど、生前同様に感覚・知覚・記憶・思考・情愛のすべてを保持している。もっともこれらは霊界で生きるのにふさわしいように働く。五感のうち視覚と聴覚はずっと鋭敏になるが、味覚・嗅覚・触覚はやや鈍ると述べた箇所もある。思考力は冴え、情愛は繊細になる。

記憶の変化は大きなテーマとなる。スウェーデンボルグは人間の生前の思考・会話・行動は、その隠された意図さえも含めて、細大もらさず自然的な記憶の内部に記録されると言う。記憶の持続は自己同一性の根拠である。霊となった人間の記憶はいわば内的な記憶として自然的な記憶をも含むものである。しかしスウェーデンボルグによれば、自然的な記憶の細目は霊界では再生されない。これは、死後の人間は自然界での過去の出来事をおぼえていないということなのか。この言明は少し検討の余地があろう。

本章3（2）の末尾のスウェーデンボルグのことばをあらためて引用してみよう。

しかし、記憶内に宿る自然的な細目は霊界では再生されない。そのため細目は、人間がそれについて考えないときとまったく同じように、不活発なままである。それにもかかわらず、主が望まれるときは、その細目は再生する。

私たちが現実に経験している記憶の働きに注意すると、全記憶がいちどきに思い出されるわけでないことは自明である。思い出そうとしなければ、記憶は潜在はしていても活性化されず、いわば眠ったままである。「自然的な細目は霊界では再生されない」という意味は、霊となった人間の記憶が再生する仕方が生前とは異なるということであろう。異なってはいても「主が望まれるときは」その細目、つまり生前の自然的記憶の細目は再生する、のである。「主が望まれるときは」の意味は、あまり深読みしてはならない。これはスウェーデンボルグのよく使用する神学的な語句であるから。要するにここで彼は、私たちの知っている記憶のように通常は眠っていて不活性な記憶であっても、何らかの拍子《ひょうし》に霊界でもきちんと再生する、と言っているのである。

死後の人間の生前の記憶は、自然的な心と同様に通常は無意識の領域に後退するが、けっして消滅することはないのである。

さて、人間は死後数日して甦るが、それから「霊たちの世界」で三段階の意識の「状態」の変化を経験することになる。その状態とは、㈠自分の霊の外部の意識の中に置かれる状態、㈡その内部の意識の中に置かれる状態、㈢天界へ入るために教えを受ける状態、である。天界に入ることは、自然的な心身を脱ぎ捨てて人間が霊となって霊界に入る本来の目的であるが、生前に自由意志によって形成した性格・人間性が天界に入るにふさわしくない人間は地獄へとおもむく。地獄も霊界の一部であり、神や絶対者があらかじめ定めた天罰や審判を下す場所ではない。それゆえ「天界に入るにふさわしくない」と言っても、霊が自由意志によって天界を嫌悪し地獄を好むという意味である。天界と地獄については第四章に詳説される。

死はこの世からあの世への穏やかな移行にすぎない。そのため死後の人間の意識の最初の形態と、五感に接する外界・環境は、生前とほとんど変わっていない。生前の人間、つまり私たちの霊（心の深層）にも、外部と内部がある。この外部は、自分の肉体と社会に自分自身を適合させている部分である。死後も人間は、まずこの外部の状態に置かれ、生前つきあった肉親・友人・知人などと再会し、交流する。

人間は誰でも、幼少の頃から、内面はどうであれ、外面では礼節に基づく道徳的・社会的な生活習慣を身につけている。少なくともそうするように教えられている。そのために本心を隠して他人の面前でとりつくろうようなことは、社交や礼儀として習性となっている。内面と外面は必ずしも一致していない。

死後の意識の最初の状態はこのような外部の状態に置かれるので、悪人も善人と同じように真実を口にし、正しく振舞う。誰もが反社会的なことを語るのを慎み、道徳的に正しいと見なされることを行うように努めている。

しかし自然界を離れた霊界の生活では、このような状態はいつまでも続かない。人によって長短はあっても、その状態の続くのは数年であり、数十年以上も続くことは稀だと言われている。人間はやがて自分の心の内部に注意を向け、本当の自分と仮面をかぶった自分との差違に気づきはじめる。ただ生前から心の内と外が一致している者は、三段階の状態を経ずに天界か地獄へ直行する。

死後の人間がたどる第二段階の意識の状態を、スウェーデンボルグは「内部の状態」と呼ぶ。私たちは、いわば社会的な仮面を外して自己の内面に沈潜するとき、いつでも自由にこの「内部の状態」に入るのを経験する。例えば昼間の心の喧噪を離れて深夜眠りにつく前に、自分一人で思いをめぐらせているときなどがそうである。生前であれ死後であれ、心ないし霊の深奥部が強制や束縛から解き放たれて、自由に意志（意図）や思考（思い）が働く状態がこの「内部の状態」である。他人と共にいるときの意識状態では、他人は自分の内部よりは外部の状態に注意するため自分の内面には気づかないし、また自分自身でさえ反省しなければ、本当の自分の隠れた意図や深層の思いに気づかないことが多い。

死後、霊が霊本来の「内部の状態」に入ると、「外部の状態」がいわば静止して機能しなくなる。すると霊は、自分の生命そのもの、自分自身そのものとなって自由自在に振舞うようになる。ここで問題になるのは、生前に形成した本人の真の性格である。善良な人は内と外が一致しているからどうということはないが、内外が不一致で齟齬《そご》をきたす悪人は不幸である。悪人はもはや仮面をかぶれず、隠し事が白日の下にさらされるからである。これは「霊たちの世界」でもはや社会生活ができないことを意味する。

この段階にまで至ると、霊界全体の秩序が混乱しないように、善人と悪人の分離が生じ、悪人は居場所を求めて地獄の社会へと向かう。悪人が同類のいる社会へ入るのは、そこがいちばん心地よい自由に振舞える場所だからである。しかしそこは客観的に見れば、悪と悪がせめぎあい罰しあうような世界である。このような世界に似た社会はこの世でも見ることができるから、地獄は私たちの想像を絶する世界とは言えないであろう。

一方、善人は内部の善がいっそう明るくされ純化されるので、生前以上に賢明に行動するようになる。生前、本心から犯したのではない罪のために罰を受けることもない。この主題に関するスウェーデンボルグの説明の仕方は、神学的ではなく心理学的である。彼は人間の微妙な心理の奥底を鋭く分析して、来世での報い・裁き・罰について、従来説かれてきた俗信や迷信の誤りを明らかにしている。

死後の第三段階の状態は、教えを受けて天界へ入る準備をする状態である。この期間は長くはないとされる。内部の悪しき性質ないし性格が暴露され地獄の生活を求める霊には、この段階はない。

死が現世から来世への移行であれば、例えばそれは外国で永住するようなものである。外国とはいえ、人種が多少ちがっても同じ人間が住むからには、そこの慣習・法律・道徳・宗教も基本的に変わるものではないであろう。けれども地上から天界という、高次元の環境に身を置き、新しい生活を始めるのだから、新参者として案内や教えを受け準備を整えるのは当然である。

さてこうして「霊たちの世界」で一定の期間を経たあと、霊となった人間は天界か地獄へと向かい、そこで永久に住まうことになる。いったん明るみに出された霊の本性、つまり生命の状態は、悪から善へ、また善から悪へけっして転換できない、とスウェーデンボルグは述べている。

以上が死後の人間のたどる意識の変容過程の素描であるが、本章において最も重要と思われる、人間の「内部」「外部」という言葉を中心に少し補足したい。

古今東西の大半の宗教は、善く生きた人は天国や極楽へ、悪く生きた人は地獄へ行くと教えている。スウェーデンボルグは、善行と分離した信仰や信心だけで天国や極楽に行けるという教説を斥け、死後の報いや裁きは、生前の行いに対するものではなく、霊界で人間が実際に犯す悪に対するものであると説く。彼によれば、霊界での罰はもっぱら悪の究極的な抑止力としてのみ行使される。本人が与り知らない原罪などの形而上学的な罪を永劫に罰する地獄は存在しない。

スウェーデンボルグは、人間の内部を構成する意志・思考を、外部を構成する行い・わざから峻別する。意志と思考が外面に（または身体に）現れたものが行いとわざであり、後者は前者の生んだ実である。行い・わざは意志と思考を完結させる、心の最外部を成す基底であり、この基底にまで達しない意志や思考は雲散霧消してしまうので、完全なものにならないとされる。

今挙げた内部を構成する意志・思考だが、この二つの概念のあいだにも厳密には内的、外的の区別がある。それだけでなく本章3（4）に見られるように、思考にも内的な思考と外的な思考が区別されている。意志と思考に関して言えば、思考はいわば意志の生んだ形であるから、意志は内的で、思考は外的である。また、仮面をかぶった心においては、内的な思考と外的な思考は一致せず、内的な思考がそのまま行動へと自然に流れ出ないように牽制され調整されている。

このようなやや複雑な用語に慣れない限り、本章の所説は十分に把握しにくいと思われる。ここでスウェーデンボルグの思想のキイワードのいくつかに触れておきたい。

西洋の哲学史において古来、「主意主義 voluntarism」と「主知主義 intellectualism」の対立がある。この対立は一九世紀末に尖鋭化した。スウェーデンボルグの同時代者であり、彼もその書を読んだドイツの思想家、ランゲ（Joachim Lange）とヴォルフ（Christian Wolf）のあいだに知性（intellectus）と意志（voluntas）の優位をめぐる激しい論争があった。ランゲは、知性優位のヴォルフの立場では宿命論に陥るとして、意志の自由と意志の知性に対する優位を主張した。カントは知性（彼自身の用語では「理論理性」）では自由意志や神の存在、また魂の不死といった形而上学的概念は認識不能と考え、意志（＝実践理性）の優位の立場をとった。もっともカントのいう意志はいくらか限定的なvoluntasの概念である。日本の鈴木大拙の哲学的立場は、スウェーデンボルグに倣って意志の優位を説く主意主義である。大拙のいう「霊性」は検討の余地のある特殊な概念であるが、これは「知性」よりも「意志」に近い。彼の著作『霊性的日本の建設』（全集〔増補新版〕第九巻、岩波書店、一九九九年）には「知性は有限であるが、意志は無限である」「生命は意志であって、知性ではない」等の言葉が見られる。一般にも、「理性」と「感情」（ないし「感性」）を分けたり、最近では知性と霊性はちがうと言われたりする。また知性・理性・悟性・思考力・認知力・判断力・理解力等々と、知性の機能または能力だけでもさまざまな種類と呼称があり、いちいち列挙すれば切りがない。

スウェーデンボルグは人間に固有な能力、つまり人間を人間たらしめる心の根源的な二つの能力をvoluntasとintellectusであるとする。この二語はラテン語だが、日本語訳はさまざまである。私はvoluntasを「意志」、intellectusを「理解力」と訳す。意志とは自由に愛し、意欲し、意図し、感じ、欲求する能力の総称である。これには狭義の意志（決断力）も含まれる。理解力とは物事の真偽や善悪を思考・比較・推理・判断する知性的な能力の総称である。意志は「自由の能力」、理解力は「合理性の能力」とも言われる。意志が根源的であり、理解力は意志から生まれた派生的な能力である。

スウェーデンボルグは、「考えようとしない（意志しない）者は何一つ考えることはできない」

とか、「愛（――これは意志に属する）が対立するとき認識（――理解力に属する）のすべてが対立する」と述べ、意志の根源性を指摘する。人間の悪はこの自由と合理性の能力の濫用に起因する。意志が腐敗して人間が悪を行う場合でも、悪や虚偽が何かを知る能力自体は残るとされる。

一般に「真理」とか「善」と言われるが、これもスウェーデンボルグによれば心の二つの能力ないし機能に関連している。有限な人間が意志に受容する無限な神的生命が善と総称され、理解力に受容する生命が真理とされる。善と悪、真理と虚偽は、それぞれ対立する。善が形をとったものが真理であり、真理は善より生まれ善を条件づけるものである。善は自分自身を真理において見る。またスウェーデンボルグは、愛を意志に、信仰を理解力に、それぞれ帰属させる。そのため、愛は善に結びつき、信仰は真理に結びつく。他方、善の対立概念である悪は意志や愛に、真理の対立概念である虚偽（時には誤謬）は理解力や信仰に属するものと見なされる。

前述のような主意主義と主知主義をめぐる哲学史上の対立に戻り、スウェーデンボルグの所説とカントや鈴木大拙の所説について付言したい。カントは「実践理性」の優位を説き、そこに「理論理性」では認識できなかった神と自由の存在や霊魂の不死を実践的に把握する糸口を見出した。例えば彼は、意志の自由は「実践理性（＝意志）の事実」だとして、私たちが椅子から立ち上がろうとすれば立ち上がれることを誰が否定できようかとさえ述べた。ここには主意主義が見られるが、感情や感性は理性（または悟性）よりも低い「下級能力」と見なしたのもカントである。

この意味ではカントの実践理性はスウェーデンボルグの言う意志と同じではない。愛や情愛や感情はスウェーデンボルグの言う意志に属するが、鈴木大拙は『禅仏教入門』で感情を次のように述べている。

（ゲーテ作の）ファウストが言明したように感情こそ一切である。われわれの理論立てなどは、決して実在に触れることはないのだ。しかしここで言う「感情」は、その一番深い意味において、あるいは最も純粋な形において理解されねばならない。

（増原良彦訳、春秋社、二〇〇一年、二二ページ）

前述のように大拙は、知性に対する意志の優位を主張した。右の引用文中の「感情」は意志に属し、知性の根源を成すことは明白である。大拙が意志の優位を考えたのはスウェーデンボルグの所説に大いに影響された結果だと思われる。なぜなら大拙は自著の『スエデンボルグ』の中で次のように述べているからである。

但此に一言したしと思ふは、スエデンボルグが「天界と地獄」中に千古不磨の一格言を道破したること、是なり。その格言に曰はく、人とはその意志なり、即ちその愛なり（Voluntas aut amor sit ipse homo.）と。……人をして人たらしむるものは意志なり、想念はその意志より起り来る

かぎりこれに與れり。　（『スヱデンボルグ』丙午出版社、一九一三年、七〇ページ、傍点は筆者）

本章の解説の最後になるが、スウェーデンボルグの言う「愛」について補足したい。鈴木大拙が大乗仏教の根本を仏の大悲と大智と考えたことはよく知られている。彼は仏教を欧米に英文で紹介するさい、大悲にはGreat Compassionを、大智にはGreat Wisdomをあてた。大悲には、文脈によってはCompassionに代えて、Loveとすることもあった。

スウェーデンボルグはその神学の根本を神の愛と知恵と考えたが、その英訳語は、神の愛がDivine Love、神の知恵がDivine Wisdomである。大拙訳では神愛と神智である。

スウェーデンボルグの宗教著作中で最も哲学的であるとされる『神の愛と知恵』（大拙訳『神智と神愛』）の基本思想は、「人間にはどんな生命もなく、神のみが生命である」「人間は生命の受容体である」「神の本質は無限の神聖な、愛と知恵であり、神の愛の生命を受ける有限な器《うつわ》が人間の意志であり、その知恵を受けるのが人間の理解力である」というものである。大拙はスウェーデンボルグの教説が「大いに仏教に似たり」と、前述の『スヱデンボルグ』で述べている。

スウェーデンボルグの「愛」に関する所説は、大乗仏教の大悲や、一般にキリスト教の説く「神は愛なり」の「愛」に通底している。しかし前述のように、大拙がスウェーデンボルグの「千古不磨の一格言」として注目しているとおり、人間の根源を意志であり、愛であるとした洞察は、スウェーデンボルグ独自の思想であろう。

彼によれば、愛は人間の霊魂（最深奥部）に宿る生命の（有限とはいえ）本質的な構成要素である。愛は意志の根源を成し、神的な愛の生命の受容の仕方に応じた人間各自の愛のあり方が、各自の生命の独自な性質を形成する。

愛は意志に属し、自由に欲し意図し考える能力だから、それは人によっては悪しき愛となりうる。このときには神の愛は人間の自由意志によって歪められてしまうが、その歪める主体は人間であって神ではない。

人間の愛は人間の数ほど多く、みな同一ではない。けれども各人には、他のすべての愛を統括する、優勢となっている愛がある。それは、我執やエゴイズムである「自己愛」、名誉や富への過剰な執着である「世俗愛」、人類・国・公共への愛も含めた「隣人愛」、そして「神への愛」である。後の二つの愛が天界の愛であり、他は悪しき地獄の愛である。天界の愛とは、真理や善や正義を、それ自体の価値のために愛し、欲し実行することである。

第三章　天界への道程

前章で論じられたのは、肉体の死後、「霊たちの世界」では生きつづける人間の内部つまり深層が徐々に明らかになって、最後にはその「優勢となった愛」が天界へ向かうにふさわしいものであれば、一定の準備の状態を経て実際に天界へ入ってゆくプロセスであった。本章では、その総括として、現世と来世を問わずどんな心構えでどんな生活をおくれば天界へ通じる道を歩めるのかが説かれる。ここでスウェーデンボルグは、このテーマについていだかれる多くの誤解や偏見を正そうと努めている。

1　世を捨て肉の欲を断つ生活は天界へ入る生活ではない

霊的な生活と呼ばれる、天界に入る生活をおくることはむずかしい、と信じている人びとがいる。彼らは霊的な生活を、とりわけ富や名誉といった現世的なものを放棄し、神・救い・永生などについて絶えず敬虔に瞑想し、祈ったり聖書や宗教書を読んだりして暮らすことを意味すると解している。そしてこれが、世を捨て、肉ではなく霊に生きることだと考えている。……しかしこのように世を捨て霊に生きる者たちは、天界の喜びを受け入れない哀れな生活を築いてしまうのである。人間が天界の生命を受けるためには、この世に住み、仕事や職務に精を出し、道徳的、社会的生活をとおして霊的な生命を受けなければならない。そうする以外に、人間の霊的な生活は形成されず、その霊も天界へ行く準備ができない。なぜなら、内的な生活と同時に外的な生活をおくらなければ、土台のない家に住むも同然で、そのような家はしだいに沈下するか、割れ目や裂け目ができ、ぐらついて、ついには倒壊してしまうからである。

（『天界と地獄』五二八）

2　天界に入る生活とは霊的な動機から正直で正しく行動することである

人間は誰でも社会的、道徳的生活をおくることができる。現に誰もが子供のときからそのような生活を始めており、この世の生活からそれを熟知している。善人でも悪人でも人間はみな、そのような生活をおくっている。正直な人間だとか、正しい人間だとか思われたくない人がいるだろうか。ほとんどすべての人が、外面的には正直で正しく行動している。ただしそれは、本人が正直で正しいと見られたい、あるいは真の正直と正義に基づいて行動していると見られたいからである。霊的な人びとも同じように生活しなければならないが、実際その生活は自然的な人びとが実践しているのと同様にたやすいことである。ただ異なるのは、霊的な人びとは神を信じて正直で正しく行動している点である。それは、民法や道徳律だけでなく、神の律法にも従うためである。

霊的な動機に基づく正直で正しい行動とは、正直と正義そのものから、つまり心から為される行動である。霊的な人びとの正義や正直は、外面的には、自然的な人びとの正義や正直と――邪悪で地獄的な人びとの正義や正直とさえ――ほとんど変わらないように見える。しかし内的には、それらは似ても似つかないものである。邪悪な人びとは自分自身とこの世のためにだけ正直で正しく行動するからである。それゆえ、法律や刑罰、また世評・名誉・利得・生命の喪失などを恐れる必要がないなら、彼らはあらゆる点で不正直かつ不正に行動するであろう。なぜなら彼らは、神も神の律法も恐れないため、どんな内なる拘束にも縛られないからである。

彼らの内面が、このようなものであることは、他生の同じ性質をもった者たちから明らかである。他生に入ったとき、彼らは、外なる拘束、つまり法律や、世評・名誉・利得・生命の喪失を恐れる思いに縛られないので、狂気じみた行動に走り、正直や正義をあざ笑うのである。しかし神の律法を重んじて正直で正しく行動した人びとは、その外部が取り去られて内部に委ねられると、賢明に行動する。なぜなら彼らは、天界の天使たちと結びつき、天使たちから知恵を伝えられるからである。以上からまず明らかになるのは、「内なる人間」である意志や思考が神と結びついている「霊的な人間」の場合、その社会的、道徳的生活は「自然的な人間」のそれとまったく同じだということである。（同、五三〇）

3　天界へ入る生活の容易さ

天界に入る生活をおくることは、一般に信じられているほどむずかしいものではない。自分では不正直で不正だと知ってはいても、その方向に心が動いてゆくとき、それは神の教えに反しているから行なってはならない、と考えさえすればよいのである。そのように考えることに慣れ、その慣れから習慣を確立するなら、人間はしだいに天界と結合してゆく。そして天界と結合すれば、心のより高い領域が開かれ、そこが開かれるにつれて、不正直や不正が何かが見えてくる。悪が見えれば見えるほど、それを追い払うことができる。どんな悪も見えるようになってはじめて追い払うことができるからである。

人間は自由にこのような状態に入ることができる。実際そうであることを、誰が自分の自由から考えられないであろうか。人間が糸口を作れば、あとは主が人間に内在するあらゆる善きものを活気づける。すると人間は、悪が悪として見えるようになるだけでなく、その実行を思いとどまり、ついにはそれから離れるようになる。これが「私の軛《くびき》は負いやすく、私の荷は軽い」（「マタイによる福音書」一一章三〇節）という主のことばの意味である。

しかし知っておかなければならないのは、そのように考えたり、悪に抵抗したりする困難さは、人間がみずから意志して悪を行う度合いだけ大きくなる、ということである。なぜなら、それだけ人間は悪が見えなくなって、ついには悪を愛し、愛する喜びから弁解し、さまざまな偽りによってそれを正当化して、それは許されたこと、善いことだとさえ公言するようになるからである。これが、青年期の初期に無鉄砲に悪に飛び込み、心から神的なものを拒絶する者たちの運命である。

（同、五三三）

4　仁愛の生活から遊離した敬虔な生活は天界に通じない

敬虔に、清く生きようとして世事から身を引いた人びとと、私は他生で話す機会を与えられた。また、さまざまな方法で自分を苦しめ、それが世を捨て肉欲を抑えることだと信じていた人びとも語り合った。しかし彼らの大半は、そのために悲惨な生活を招き、この世のただ中でしか実践できない仁愛の生活から身を引いていたので、天使たちと交わることができない。なぜなら天使たちの生活は、至福の状態から生じる喜びの生活であり、仁愛のわざである善行から成り立つものだからである。

世俗の営みから遠ざかった生活をおくっていた人びとは、自分の功績の観念に浸りきっているため、絶えず天界を望んでいる。彼らは天界の喜びを一つの報酬だと考えているが、天界の喜びの何たるかをまったく知らないのだ。天使たちの喜びは、功績を退けた意欲的な活動と実際的な奉仕にあり、またこれらによって成就される善から生ずる至福にあるのだが、このような人びとが天使たちの仲間に加わって、その喜びの中へ入れられた。すると彼らは、自分たちの信仰とまったく無縁なものを発見した者のように驚き、そうした喜びを受容する能力に欠けるため、そこを立ち去り、この世で同じような生活をおくった霊たちの仲間になってしまったのである。

また外見だけ清い生活をおくった人びとがいた。彼らは、いつも教会に通って祈りを捧げ、自分の魂を苦しめると同時に絶えず自分のことを考え、そのため自分は他の者より高い評価を受けて尊敬され、死後は聖人と見なされるだろう、と思っていた人びとである。しかし他生で彼らは天界にはいない。それというのも、以上のことを彼らは自分のために行なったからである。彼らは神的な真理を自己愛に浸して汚しており、そのため自分を神とさえ思うほど狂った者もいる。当然彼らは、地獄にいる同類の者たちの仲間に加わる。巧妙な策略で、敬虔に振舞っているように見せ、自分の中に聖性があるかのように一般大衆に信じこませている人びともいる。彼らは狡猾で嘘つきであり、ペテン師たちの地獄にいる。

……これらのことを述べたのは、天界に通じる生活は、この世から退いた生活ではなく、この世に根ざした生活だということを示すためである。この世でだけ可能な仁愛の生活から遊離した敬虔な生活は天界へは通じない。仁愛の生活が天界へ通じるのである。仁愛の生活とは、自分の職業・職務・仕事を万事、正直に正しく、しかも内部から、すなわち天界的な源泉から行うことである。正直で正しく行動することが神的な律法に合致するという理由で、人間がそのように行動するときは、天界的な源泉が仁愛の生活にいつも内在している。このような生活はむずかしいことではない。むしろ、仁愛の生活から遊離した敬虔な生活のほうこそむずかしいのである。そして、このようなむずかしい生活をおくれば天界に入れると信じれば信じるほど、天界から引き離されてしまうのである。

（同、五三五）

5　天界と、愛の諸相——慈悲・仁愛（隣人愛）から世俗愛・自己愛まで

現代の教会の人びとは、その人生がどんなものであったにせよ（神の）慈悲だけによって天界へ受け入れられ永遠に幸福になることができる、と信じている。彼らはそれはたんに許しの問題にすぎないと考えている。しかしそれは間違っている。誰であれ……新生によって達成される霊的な生活なくして天界には入れない。

（『天界の秘義』五三四二）

多くの人びとは自分自身の悪にまったく気づいていない。彼らは法律や名誉の喪失を恐れて悪

を公にしない。このように習慣や習性から、彼らは自分の評判や利得に好ましくないものとして悪を慎むことを学ぶ。しかし彼らが悪を、神に対する罪として宗教的に慎まない限り、依然として悪をいだきそれを欲するのである。

（『神の摂理』一一七）

主は善から裁くほかは何ぴとをも裁かない。主は、どれだけ多く人がいようとも万人を天界へ……引き上げようと望んでいる。主は慈悲そのもの、善そのものだからである。慈悲そのものと善そのものは誰をも断罪しない。善であるものを拒絶することによってみずからを断罪するのは、人間である。或る人がその全生涯をとおして善から離れるなら、彼らはまた未来の生活においても同様である。したがって彼は天界と主から離れるのである。

（『天界の秘義』二三三五）

隣人に悪を行わないことが仁愛の最初の事柄であり、隣人に善を行うことが第二の位置を占めている。……人間は、悪が遠ざけられてしまう以前に、それ自身において善である善を行うことはできない。

（『真のキリスト教』四四五）

仁愛とは貧しい者に与え、困窮している者を支援し、寡婦と孤児を世話し、病院・診療所・救護施設・孤児院、特に教会の建設と維持に……寄付することに他ならない、と一般に信じられている。しかしこうした事柄の大半は仁愛の本来の問題ではなく、仁愛とは無縁のものである。

……私たちは、仁愛の義務と慈善を区別しなくてはならない。仁愛の義務によって、仁愛そのものから直接に発出する、仁愛の実践が意味される。それは第一に、各人の職業に関係するものでなくてはならない。しかし慈善によっては、義務と離れて与えられる支援活動が意味される。

（同、四二五）

生命の霊的な状態は、その自然的な状態とまったく異なることはきわめて明確だ。霊的には、誰もが各人の愛のあるところにいなくてはならない。というのはそこが各人の生命の喜びがあるところであり、誰もが自分の生命の喜びの中にいることを切望するからである。

（『神の摂理』三三八）

あらゆる善と真理がそれらの源泉から流れ出るように流れ出る二つの愛がある。また、あらゆる悪と虚偽が流れ出る二つの愛がある。あらゆる善と真理を生み出す二つの愛は、主への愛と隣人への愛である。あらゆる悪と虚偽を生み出す二つの愛は、自己愛と世俗愛である。

（『新しいエルサレムとその天界の教理』五九）

天界は、自分自身の善よりも他者の善を心より欲し、報いの思いをもたず愛から行動して、他者を幸福にするために他者に仕えることにある。

（『天界と地獄』四〇八）

天界と地獄は次のように区別される。すなわち、天界は善き意志から善を行い、地獄は悪しき意志から悪を行うことである。

（『天界の秘義』四七七六）

人は自己愛の中にいる限り、隣人愛から遠ざかる。そのため自己愛の中にいる限り、天界から遠ざかる。なぜなら隣人愛は天界の中にあるから。

（同、七三六九）

天界の歓喜はどんな「場所」にも関係せず、人の生命の性質に関係する。天界的性質は愛と知恵の性質である。これら二つのものを容《い》れる容器は役立《ユース》ちであり、それゆえ天界的な生命は役立ちの中で結合している愛と知恵の生命である。誰でもひとりの天使となる者は、みずからの内に自分自身の天界を宿している。なぜならその人は自分の内部に自分自身の天界の愛を宿すからである。

（『結婚愛』一〇）

6　スウェーデンボルグがみずからに課した生活訓

規律

一、神の聖言を勤勉に読み、聖言を黙想すること
二、神の摂理の配剤に満足すること
三、行動の礼節を守り、良心を清く保つこと
四、自分の職務と仕事を忠実に果たし、あらゆることにおいて自分を社会に役立たせること

（「遺稿」の断片より）

第三章　解説

　前章までは、肉体の死とそれに続く覚醒・蘇生が述べられた。また死後の人間の心の深層で何が変化するか、つまりその人間そのものと言いうる「内部」が徐々に明るみに出される過程が説明された。そのさいに問題になるのが当人の「優勢となった愛」であり、これが当人の思いや行動を突き動かすこと、またエゴイズムや世俗愛が天界への愛に対立するということも語られた。ただ、そこでは天界や地獄について詳説されることはなかった。こうした霊界の実態は後ほど第四、五章でまとめてみていきたい。

　本章は霊界ではなく、現世すなわち肉体をまとって生きている自然界での生き方に焦点があてられる。

　永生から見ればほんの一瞬にすぎない短い現世であっても、この自然界での生は霊界での生の基礎であり土台である。それゆえこの世の生活が疎かにされると、霊界での生活にも支障をきたすことになる。永生や他界の存在を説くからといって、スウェーデンボルグは現世での生き方をけっして軽んじてはいないのである。彼は、人間の霊魂が不滅であることを前提とした、永生を視野に入れた現実の社会での生活がどうあるべきかを私たちに問いかけている。

来世での救いを説く宗教の教えは多い。エジプトやチベットの『死者の書』では、呪文を唱えれば幸福な来世を招来できると教える。浄土教の教典には、阿弥陀仏へひたすら帰依すれば悪人でさえ救われるとある。キリスト教の宗教改革者M・ルターは、人は善行ではなく「信仰のみ」によって救われると主張した。

本章でスウェーデンボルグは、一般にいだかれる疑問であるばかりでなく、従来、宗教の教説ともなっている、神の愛（慈悲）と人間の救いとの関係を吟味している。『天界と地獄』中にも「無条件的な慈悲によっては誰も天界に入れない」という一章を設けている（本章ではこの箇所は割愛）。愛の神が地獄に落ちてしまうような人間をなぜわざわざ創ったのか、それは神の愛に矛盾しないのか、という議論がある。スウェーデンボルグは、神の愛は万人に及び、最初から地獄へ予定されている者などは一人もなく、万人が救われる可能性を決して否定しない。プロテスタントの代表的神学者のJ・カルヴァンは有名な「予定説」を唱え、神が地獄に予定している者もいると言ったのである。スウェーデンボルグはカルヴァンとルターの教説を嫌悪し『新教会教理概要』という神学著作で次のようにこれを厳しく批判している。

神は人間の行為を何ら顧慮せず、ただ信仰のみを顧慮するという説は、かの予定説という牝狼《めすおおかみ》を母として生まれた子どもである。しかしこの説は、誤った、不敬虔で狡猾なものである。この信仰のみによる義認の教理は現在、改革派キリスト教世界にあまねく行き渡り、他のすべてを支配している。若い神学生たちはみな、この教理をむさぼるように吸い込み、それによってあたかも天界の知恵を吹き込まれでもしたかのように、これを教会で教え、書物に著している。（八一）

スウェーデンボルグはこうしたいわば「神の全能」を振り回す神学論理――これはアウグスティヌスやルターの唱えた、「原罪」をもった人間の「全堕落」や、理性すら無力の「奴隷意志」の理論と結びつく――に反対し、神の愛や慈悲は無条件的なものではなく、秩序そのものたる「神の知恵」や「神の真理」と不可分一体となって働くと説く。

自由意志をもつ人間が、生前のその心の最深部で形成する「優勢となった愛」は、本人の歓喜の生命そのものであり、霊的な身体の行動にもそれは反映している。その愛がエゴに収斂《しゅうれん》している者たちは、悪や虚偽を自分の善や真理と見なしてこれを喜んでいるのだ。暮らす地獄も、そこは生前犯した罪の罰を受ける所ではなく、勝手気ままに振舞える居心地の好い環境である。そればかりか、彼らが天界を望めば、どんな天使の社会も彼らを拒否しないのである。けれども愛の相反する天界は、彼らにとっては塗炭の苦しみを味わう地獄でしかない。天界へ行くには、宗教や道徳が教える「神の真理」にかなった生活習慣を身につけるべきであった。

それゆえ、愛や善の行いに裏打ちされない信仰だけによって、あるいはたんなる呪文によって天界へ入ることは、「みみずくを楽園の鳥に変える」よりもむずかしいのである。

宗教生活は聖なるものであり、世俗的な生活に対立する。道徳や法律は世俗的生活の秩序であって、宗教生活はもっと超俗的なものである。本当に救いを求め死後に天国や極楽へ行きたいのなら、現世を否定し欲に打ち克ち、できれば世を捨てて修道院に入るか出家するのが望ましい——こうした宗教観と根本的に対立するのが、スウェーデンボルグの本章での思想である。

彼が霊や霊界を説くからといって、世俗を超越した天上の彼方に真の宗教世界を仰ぎみているという考えほど誤ったものはない。彼は私たちに、脚下照顧、もっと自分の立っている大地を深く掘って、そこに天界への道を見出すようにうながす。

現世での生活は市民的生活（社会的生活）・道徳的生活と呼ばれ、天界の生活は霊的生活と呼ばれる。この霊的生活は市民的・道徳的生活から遊離したものではけっしてない。現世で仕事や職務を誠実に果たし、自分を社会に役立てる生活をしっかりとおくることこそ、霊的生活を築きあげる基礎である。むろん、自分の利得・地位・名誉だけを求めて、市民的・道徳的生活を外面的におくることは、霊的生活と何の関係もない。誠実に正しく生きるとは、それが神的秩序だからという動機でそのように生きるのでなければならない。

スウェーデンボルグの教えは実践的で実際的であり、「役立ち」を重視する。霊的生活は相互愛の生活であり、それは相互扶助、つまり各人が相互に役立つことを目指す生活だからである。天界の歓喜もこの生活にある。

これに反して、世を捨てた敬虔で禁欲的な生活は、社会でしかできない隣人愛や善の実践を欠く。それは土台のない家、砂上楼閣にすぎない。天界へ導く生活はこの世に根を張った生活なのだ。

本章の4に引用した箇所を熟読したと思われるボルヘスの評言がある。非常に興味深いので引用する。

仏陀と同じように、スウェーデンボルグは禁欲主義を拒否した。それは人を不毛にし、可能性を縮めてしまうおそれがあるからである。たとえば彼は、天界の内側に入ったばかりの隠遁者のヴィジョンをみている。その男は、天界に入れてもらうべく、現世では進んで砂漠の地で孤独な人生を歩んできたのである。しかし、天界に入るという目的を達成しはしたが、彼は天使の会話を理解することも、天界の複雑な諸事をはかり知ることもできないことに気がつくのである。そして、ついに自分のまわりに荒廃の幻覚的なイメージを投影することを許される。現世におけると同様、その地においても、彼は依然として自己否定と祈りに明け暮れるが、天界の中心に行き着くという望みは断たれていたのである。

（「みえざるものへの証言」渡辺俊一訳、R・ラーセン編『エマヌエル・スウェーデンボルグ』春秋社、一九九二年所収）

本章の末尾6に載せたスウェーデンボルグ自身がみずからに課していたと思われる「生活訓」

のようなメモが遺稿のあいだより見つかっている。彼はこの自戒どおりに生きた。彼の神学的・宗教的著作の反対者たちでさえ、彼の紳士としての礼節を非難したことはなかったと言われている。

また彼の宗教観の根本は以下の文章（英文）に集約されると言えよう。一九一〇年にロンドンで開かれた国際スウェーデンボルグ学会の刊行物には、この文章が一五ヵ国語に訳されて掲載されている。日本語訳は、この学会に日本代表として参画した、若き鈴木大拙による。大拙が生涯を貫く宗教信条として掲げた英文にも、この文章が色濃く反映している。

All religion has relation to life, and the life of religion is to do good.

（あらゆる宗教は生命に関係し、宗教の生命は善を行うことである。――スウェーデンボルグ）

To do good is my religion. The world is my home.

（善を行うことが私の宗教である。世界は私の家である。――鈴木大拙）

以上述べたように、スウェーデンボルグの教説は、あまりに平明・直截《ちょくせつ》なので、読者には肩透かしを食ったように思われるかもしれない。しかし実際にそれはごく常識的な宗教であり道徳なのである。このような、いわば普遍的な宗教の真価は、独善・偏見・排他といった、宗教が陥りやすい歪《ゆが》んだ側面によって傷つけられた者に、いちばんよく理解できるにちがいない。スウェーデンボルグの宗教が素朴すぎ、常識的すぎてつまらないと感じる人がいるなら、その人は彼にオカルト的・心霊的なものを期待しすぎているか、宗教の本質を神秘的なものと思い込んでいる人であろう。

第四章　天界逍遥

本章ではまず「天界」の全体像と、そこでの時間と空間についての基本的な性質が述べられる。次に天使たちの都市や住居・衣服、また職業・統治機構等々の具体的な主題について子細に語られる。天界の子供たちや結婚について、さらには天界の富貴、清貧や愛と美といった哲学的な問題も扱われる。どの主題もスウェーデンボルグの実体験に基づいて描写され説明されている。ボルヘスの言うように、比喩や象徴的表現はなく、「見知らぬ国を記録する探検家か地理学者のように」淡々と叙述されているのが特色である。

1　天界の全体像、そこの時間と空間、生命の状態の変化

どんな一つの天界の天使たちも一箇所に共にいるのではない。彼らの宿す愛と信仰の善の相違に応じて、大小のいくつもの社会に分けられている。類似した善を宿す者たちが一つの社会を形

成する。

（『天界と地獄』四一）

一つの天使的社会を形成するすべての者は、全般的に言って顔かたちが似ている。しかし個別的には似ていない。

（同、四七）

諸天界には大小の社会が存在する。大きな天界は莫大な数の天使たちから構成され、小さな天界は数千、最小の天界は数百の天使たちから構成される。また、いわば家ごと、家族ごとに離れて住む者たちもいくらかいる。これらの者たちはこのようにばらばらに暮らしてはいるが、彼らは社会の中で生活する者たちと同じように整然と配置されている。すなわち賢明な者は真ん中に、より素朴な者は周辺に配置されている。

（同、五〇）

また、他の者と一緒にならず、一軒ごとに離れて暮らす天使たちもいる。これらの天使は天使たちのうちでも最上の者なので、天界の真ん中に住んでいる。

（同、一八九）

諸天界において天使たちに見える対象の性質は……地上の事物に似ているが、形においてもっと完全であり、数においてもっと豊かである。

（同、一七一）

諸天界ではあらゆる事物が、天使たちの内部との照応に一致して主から現存する。

（同、一七三）

内部に照応するあらゆる事物は、また内部のものを表象しているので、これらは表象物とも呼ばれる。そして表象物は天使たちの内部の状態に応じて変容するので、これらはまた外観とも呼ばれる。それにもかかわらず、天界の天使の眼前に現れ、彼らの感覚によって認知される事物は、地上の人間に現れている事物のように生き生きと彼らの眼と感覚に現れている。天界におけるこの種の外観は実在的《リアル》な外観と呼ばれるが、それはそれが真の実在性を有するからである。実在的ではない外観もまた起こるが、これらは現れはするが内部のものに照応していない。

（同、一七五）

地上と同様、天界でも万物の継起と進行がある。しかし、天使たちはどんな時間と空間の観念ももっておらず、時間や空間が何かさえまったく知らない。

（同、一六二）

天使たちのもとでは、この世におけると同じように、またどんなちがいもないほど、万物の継続的な進行がある。しかし彼らは時間が何かが分からない。その理由は、天界では年や日の代わりに状態の変化だけがあるからである。年や日があるところには時間があるが、状態の変化があ

るところには状態があるだけである。（同、一六三）

天使たちは、どんな時間の観念ももたないので、地上の人間がもつのとはちがう永遠性の観念をもっている。天使たちにとって、永遠とは無限の状態を意味し、無限の時間を意味しない。（同、一六七）

時間はその起源では状態である。なぜなら時間は人間の情愛の状態に正確に一致しており、快く嬉しい状態では短く、不快で悲しい状態では長く、また希望や期待の状態ではさまざまだからである。（同、一六八）

霊界での場所のあらゆる変化は内部のものの変化によって引き起こされる。したがって場所の変化は状態の変化に他ならない。（同、一九二）

場所の変化はこのように引き起こされるので、近づくことは内部のものの状態が似ていることであり、離れることは似ていないことであることは明らかである。このために類似した状態をもつ者たちは互いに近く、類似しない状態をもつ者たちは離れている。天界の空間は内部の状態に照応した外部の状態にすぎない。同じ理由で、諸天界は相互に区別され、また各々の天界の諸社会や、各社会の個人も区別されている。さらに言えば、諸地獄も諸天界から全面的に分離している。なぜなら両者は対立した状態にあるからである。（同、一九三）

同じ理由で、霊界では誰であれ或る人に会いたいと強く望めば、相手の眼前に現れることができる。なぜなら誰もが相手を思いの中で見て相手の状態に身を置けるからである。逆に相手を嫌えば相手から離れる。嫌悪はすべて情愛の対立と思いの不一致から来るので、かの世界では何人かが一箇所に集まるときはいつでも、彼らが一致する限り互いに見えるが、一致しないならすぐさま消えてしまう。（同、一九四）

霊界では誰でも、自分の町、庭園、自分の社会の外側の場所であっても、或る場所から別な場所へ行くときは、それを熱望するときは早く着き、熱望しないときは遅く着く。道は同じであっても、道そのものは欲求に応じて長くも短くもなる。（同、一九五）

天界にはこの世におけるように空間は存在するが、それでも、空間に応じて考えられるものは何もない。したがって天界の空間は、この世におけるように測定できず、そこにある状態に応じてだけ、天使たちの内部の状態に応じてだけ見られる。（同、一九八）

天使たちは……愛や知恵に関して、いつも同じ状態にいるわけではない。……彼らは情熱的な愛の状態を宿すときもあれば、それほど情熱的でない状態のときもある。その状態は最高から最低に向かって徐々に減退する。愛が最高のときには、彼らはその生命の光と暖かさの中に、澄んだ喜ばしい状態の中にいるが、最低のときには、陰と寒冷の中に、ぼやけた憂鬱な状態の中にいる。この最後の状態から最初の状態へ再び帰り、このように一つの状態から別な状態へと変化を伴って反復される。（同、一五五）

天使たちの愛や知恵に付随したその内部の状態とともに、彼らの外側にあって彼らが眼で見ているさまざまなものの状態も変化する。なぜなら彼らの外側のものは内部のものに一致した外観をとるからである。（同、一五六）

天使はみな、こうした状態の変化を経験し、経過してゆく。一般に各々の社会も同じであるが、ただ個人によって差違はある。……或る者は明澄と歓喜の中にいるのに、他の者は憂鬱と不愉快の中にいることもあり、またこのようなことは、同じ社会の内部で同時に起こりうる。……状態のこうした変化のちがいは、一般的に地球の異なる地域の一日の変化のちがいに似ている。というのは或る人びとのもとでは朝であるのに、他の人びとのもとでは夕方であり、或る人びとは暑さを感じるのに、他の人びとは寒さを感じるからである。（同、一五七）

2　天使の衣服

天使たちが着ている衣服は……彼らの理知に照応している。それゆえ天界の誰もがその理知に一致する衣服をまとった姿で見られる。理知において他の者より優れていれば、その人の衣服は他の者のものにまさっている。最も理知的な者は炎のように輝いている衣服を、他の者は光のように輝く衣服を、さほど理知的でない者は光彩のない明るくて白い衣服をまとっている。しかし最内奥の天界の天使たちは裸である。

（同、一七八）

天使の衣服はたんに衣服として現れているだけではなく、リアルな衣服であることは、次のような事実から明らかである。それは、彼らがそれを見てそれに触れていること、多くの衣服を所有しそれらを着たり脱いだりしていること、使用しない衣服は保管し、必要とするときは再び着るということである。彼らがさまざまな衣服をまとうことを、私は何千回も見たのである。

（同、一八一）

霊界にいる誰もがその理知に一致した、すなわち理知の源である真理に一致した衣服をもっている。地獄にいる者も衣服を着て現れはするが、全然理知をもたないため、その狂気に一致したぼろぼろの、むさくるしい、汚れた衣服で現れる。

（同、一八二）

3　天界の住居や街の光景

天界には社会があり、天使たちは人間のように生きているので、彼らはまた住居をもっている。住居は各自の生命の状態に応じて異なっている。より高い尊厳をもつ者たちの住居は壮麗であり、低い状態にいる者たちの住居はそんなに壮麗ではない。（同、一八三）

私が天使たちと顔と顔をつきあわせて話しあったさいはいつも、彼らの住まいの中で彼らと一緒だった。これらの住まいは、私たちが家と呼ぶ地上の住まいと酷似していたが、ただもっと美しかった。そこには個室、客間、寝室がたくさんあった。ポーチもあって、それは庭・花壇・芝生で囲まれている。彼らが共に生活しているところは、家々が隣りあって並び、都市の形に整然と区分けされている。大通り、街路、公共広場も地上の都市とそっくりである。私はそこを通りぬけ、ぐるりを見回し、時には家の中へ入ることも許された。このことは私の内なる視覚が開かれ完全に覚醒していたときに起こったのである。（同、一八四）

私は天界の宮殿を見たが、それは筆舌に尽くしがたいほど壮麗だった。上方は純金で下方は宝石でできたかのように輝いていた。……南に面して公園があり、あらゆるものがきらめいていたが、ところどころで木の葉が銀でできたかのように、果実は金でできたかのように輝き、花は花壇の中で多彩な色で虹をつくっているようであった。

（同、一八五）

主の天的王国の天使たちの大半は土の山のように見える高所に住んでおり、主の霊的王国の天使たちは丘陵のようなそれほど高くない所に、天界の最下層の天使たちは岩のような所に住んでいる。

（同、一八八）

4　天使の言葉

天使たちはこの世の人間と同じように、家庭のこと、社会生活、道徳的生活、霊的生活のことについて語りあう。彼らの会話は一層内的な思考に由来するため、人間のそれより理知的であるということを除いて、差違はない。

（同、二三四）

天使の話し言葉は人間の言葉と同じで、明瞭な単語から成り、また発音され聞こえる。というのは人間と同様に天使には口、舌、耳があり、彼らの音声が分節化される大気も存在するからである。もっともその大気は、霊的である天使たちに適した大気ではあるが。この大気の中で天使たちは、人間がその大気中で行うように呼吸をし、その呼吸を用いて言葉を発している。

全天界で天使はみな、同一の言語をもち、彼らが遠近のどんな社会に属していても、相互に理解しあっている。そこの言語は習得されるのではなく、誰もが生まれつきもっているものである。なぜならそれは彼らの情愛と思考そのものから流れ出るからである。彼らの言葉の音調は情愛に照応し、単語である分節化された音声は、情愛に発する思考の観念に照応している。この照応のために彼らの話し言葉そのものは霊的である。なぜならその言葉は情愛の響きであり、思考の語りかけだからである。

(同、二三五)

(同、二三六)

5　天界の多様な職業

天界のさまざまな日常の仕事を数えあげること、ましてその詳細を述べることは不可能である。それについては概括的に述べられるだけである。仕事は無数であり、各共同体の機能に応じて多様である。各共同体はその特殊な機能をもち……各個人は一つの役立ちを遂行している。

(同、三八七)

天界には地上と同じように数多くの職種の仕事がある。教会の仕事、社会的な仕事、家事などである。

（同、三八八）

天界には数えきれないほどの職業や仕事がある。それに較べるとこの世のものはわずかである。しかし仕事にたずさわる者がどんなに多くいようとも、彼らはみな、仕事に喜びを感じ、役立ちへの愛から働き、利己心から働く者は一人もいない。生計に必要なものはすべて無償で与えられるので、彼らは誰一人生活のために利得を愛さない。彼らは無償で家をもち、着物を着、食事している。

（同、三九四）

天界には……幼児の世話を仕事にする社会、少年少女を教え諭す社会がある。また霊界の新参の霊たちを悪霊の攻撃から守る社会、地獄にいる霊たちに付き添って、彼らが限度を超えて互いに苦しめあわないように抑制する社会、死から甦りつつある人間に付き添う社会もある。

（同、三九一）

天界は役立ちの王国である。そこには役立ちを遂行しない者はひとりもいない。役立ちの種類は無数であって、意識されているものもあれば、意識されていないものもある。天界には、他の者を教える者、善へ導く者、（地上の）人間と共にいる者、死んだ者を目覚めさせる者、守護する者、そして他の者に責任を負う者などがいる。一言でいえば、無数の義務があり、みな自分の持ち場で、役立ちだけを求める情愛に応じて、或る種の義務を担っている。そして、歓喜を伴うその情愛それ自体が、聖言の中で意味されている、報いや報酬になっている。ここから以下のことが明白だ。すなわち、その楽しいという情愛がまさに報いであるからには、功績を求める思いは全然ない、ということである。それはちょうど、優しくその子供を愛している母親のようなものであり、彼女は、――この愛の中に歓喜があるために――雇われた乳母のようには功績について考えず、この役立ちを奪われると嘆き悲しみ、この歓喜を所有するのを許されるためなら、自分のもついっさいのものをすすんで放棄しようとする。したがって、彼女が役立ちに対する功績の観念を拒んでいることは明らかだ。実際、時おり彼女は、子供が成長して名誉を得るとき、自分の幸福感はどんなものであろうかと考えはする。しかし彼女はこのことをぼんやりと考えるにすぎず、子供への愛のうちにいるときはそうしたことはほとんど考えない。（『霊界日記』五一五八）

6　役立ちの王国としての天界

天界の喜びはすべて役立ちに結集して役立ちの中に存在している。というのは、役立ちは天使たちの宿す愛と仁愛の善だからである。それゆえ誰もがその役立ちに応じて、また役立ちへの愛に応じて喜びをもっている。

（『天界と地獄』四〇二）

或る霊たちは、……天界の幸福は他人から仕えてもらう怠惰な生活をおくることだという世俗的な考えをもっていた。彼らは、幸福は仕事を休んでそれに満足することではない、と告げられた。このことは自分の幸福のために他の人びとの幸福を犠牲にすることを意味する。もし誰もがこのようにしたいと願うなら、誰もが決して幸福ではありえぬであろう。このような生活は活動的でない、無為なものとなり、あらゆる生活能力を麻痺させてしまうであろう。

（同、四〇三）

善に発する喜びと真理から流れ出る楽しさは、共になって天界の幸福を形成する。この幸福は怠惰からではなく活動から流れ出る。

（『天界の秘義』六四一〇）

行動の中に存在する善きものはすべて役立ちと呼ばれる。

（『神の愛と知恵』三三六）

役立ちがなければ、愛と知恵は思考のただの抽象観念にすぎない。……しかし役立ちにおいて、愛と知恵は共になって一つの現実のものとなる。

（『結婚愛』一八三）

主は愛そのものであり知恵そのものであり……役立ちそのものである。なぜなら愛は役立ちをその目的としてもち、知恵を手段とし役立ちを生み出すからである。

（『神の愛と知恵』二三〇）

天界の役立ちは性質も形態も多様である。或る者による役立ちが別な者による役立ちと同じことはけっしてないし、また或る者の喜びが別な者の喜びと同じこともけっしてない。

（『天界と地獄』四〇五）

私はしばしば見ることを許されたのだが、天界の各社会は一人の人間として映り、人間に似た形をしている。……どんな天界の社会も人数が多ければ多いほど、またその人びとが一つになっていればいるほど、天界の人間の形は一層完全になっていることは、注目に値する。というのも天界の形に配列される変化が完全性を構成し、人数が多様性を与えるからである。……天界は人数の増加によって完全性を得るので、けっして閉じられることなく、人数が満ちれば満ちるほどますます完全になってゆく。それゆえ天使たちは、自分たちのところへ新しい天使の客が来ることを心より望んでいる。

（同、六八、七一）

天界はその複合的な全体性において一人の人間を映し出していることが、これまで世では知られていないが、諸天界では十分に知られている秘義である。……天使たちは天界全体がその社会を含めて一人の人間であることを知っているので、彼らは天界を「最大にして神聖な人間

Maximus et Divinus Homo」と呼んでいる。

（同、五九）

そうした形と像に天的なものと霊的なものが配置され結びついていることは、霊的で天界的なものについてどんな正しい考えももたない人びとは理解することができない。彼らは、人間の最外部が構成される地上的で物質的なものが人間をつくるのであって、これらを離れて人間は人間でない、と考える。しかし人間が人間であるのは、これらのものによるのではなくて、真理を理解し善を意志する能力であるということを、彼らに知らしめよ。

（同、六〇）

人間の内にある多種多様なものが一つのものとして活動しているのは、人間の内に共通の福祉のために何かを行わず何らかの役立ちを遂行しないものは何一つ存在しないからである。全体は部分のために、部分は全体のために役立ちを遂行する。なぜなら全体は部分から成り、部分は全体を構成するからである。それゆえそれらは互いに必要なものを提供しあい、互いに顧慮しあって……一つのものとして活動しているからである。諸天界においても似たような協力関係がある。

（同、六四）

7　天界の統治機構とそのリーダー

天界は共同体（社会）に分かれており、大きなものは何十万もの天使から構成され、各共同体の構成員は類似した善をもつが、類似した知恵をもっていないので、そこには当然、統治組織が存在しなければならない。秩序が維持され、秩序のあらゆるものが守られねばならないからである。……天界にはさまざまな統治機構があり、それも各共同体で差違はあるけれども、そこには相互愛による統治以外の統治はない。相互愛による統治こそ天界の統治である。（同、二一三）

天界の統治機構のリーダーたちは愛と知恵において卓越しており、全員の善を望んで、その知恵から善の実現のためにどう対処するべきかを知っている。……このようなリーダーは威圧的に支配したり命令したりせず、仕え奉仕している。また彼らは自分を他者よりも偉大だと思わず、より小さな者だと思っている。なぜなら社会と隣人の善を第一とし自分の善を最後としているからである。……それでも彼らは名誉と栄えをもっていて、共同体の中央の、他の者たちより高い場所に、しかも壮麗な宮殿に住んでいる。しかし彼らはこの栄えと名誉を自分自身のためでなく、従順のために受けている。（同、二一八）

8　天界での富貴と清貧

人間の意志が、富や享楽のためにだけ、他人よりも金持ちになって他人に影響力を及ぼしたいと思うなら、この意志は悪い意志である。このような人はその隣人ではなく自分自身を愛している。しかしその意志が、友人や共同体や国……にもっと余裕をもって仕えるために金持ちになりたいと思うなら、それは隣人を愛することである。行動の背後にある目的が真の人間をつくるのである。

（同、九九）

生前、世にいたとき最も権力を有した者たちの一人であって、現在は幸福な者たちのあいだにいる、或る人物を私は知っている。また生前、最も裕福な者たちの一人に数えられて、現在、同様に幸福な者たちのあいだにいる別な人物も知っている。私は彼ら二人とも、その肉体の生命にいたときに知っていた。このように権力や富は、それを所有する者が天界へ入る妨げとはならないのである。

（『霊界日記』四一五八）

人間はずるく立ちまわってごまかしたりしない限り、機会が与えられれば、金持ちになって富を蓄えてもよい。自分の生命をそこに置くのでない限り、おいしいものの飲食を楽しんでもよく、自分の境遇に見あった豪華な住まいをもってもよく……楽しく陽気に暮らしてよいのである。また、情愛によって動かされない限り、貧しい者に自分の財産を与える必要もない。ひと言でいえば、人間は外面的には世間の人間とまったく同じように生活してもよく、自分自身の内面で神について正しく考え、隣人に対して誠実かつ公正に行動するなら、これらのことは人間が天界に入る妨げにはならないのである。

（『天界と地獄』三五八）

私は、生前、世を捨てて、ほぼ隠遁と言ってよい生活をおくった者たちと話したことがある。彼らがそのような生活をおくったのは、思いを世俗の雑事より引き離して、敬虔な瞑想に浸る機会をもつためだった。彼らはこれによって天界に入れると信じていた。しかし、これらの者たちは、他生では憂鬱な気質をもっている。彼らは自分たちのようでない者を蔑み、自分たちは他の者以上に幸福に値すると信じて、その幸福をもてないことに憤慨している。……彼らは誰よりも天界に憧れるが、天使たちのあいだに迎えられると、不安を引き起こして天使たちの幸福を乱してしまう。そのため彼らは遠ざけられるが、遠ざけられると、荒れ地におもむき、そこで生前と同じような生活をおくるのである。……生前に貿易やビジネスに従事し、この仕事で金持ちになった者のうちの多くは天界にいる。しかし、名誉ある地位に就くことで富んだ者はそんなに多くはいない。その理由は、この者たちは正義や公正を行う結果、また有利で名誉ある地位が与えられることで、自分と世俗を愛するようになり、それによって思考と情愛を天界から分離して自分自身に向けたからである。

（同、三六〇）

天界の富んだ者の運命に関して言えば、彼らは他の者にまさって華麗な生活をおくっている。彼らの中には宮殿に住まう者もおり、その内部では、あらゆるものが金か銀のように輝いている。彼らは生命の役立ちのためにあらゆるものを豊かにもっているが、これらのものに心を置くようなことはまったくなく、役立ちにのみ置いている。彼らは生前、役立ちを愛し、金銀はたんに手段としてのみ愛したのである。（同、三六一）

しかし、神的なものを信じないで、天界や教会に属するものをみずから投げ捨てた金持ちの運命は、この反対である。彼らは地獄にいるが、そこには汚物、悲惨、欠乏がある。……そのとき彼らが汚物を喜ぶのは、役立ちを無視した富への愛である貪欲が汚物に照応しているからである。霊的な汚物とは、それ以外のものではない。（同、三六二）

貧しい者たちは、その貧しさのゆえではなく、その生命のゆえに天界へ入る。富んでいようが貧しかろうが、誰の生命も本人についてまわるのである。人によって特別な慈悲があるのではなく、善く生きた者は受け入れられ、善く生きなかった者は拒絶される。さらに言えば、富が人間を天界から引き離すのとまったく同じように、貧困も天界から人間を引き離すのである。貧しい者の中には、自分の運命に満足しないで、多くのものを求め、富を祝福だと信じ、富を得ないと大いに憤慨して、神の摂理について悪く考える者が多くいる。……しかし、自分の運命に満足し、入念かつ勤勉に自分の仕事をし、怠惰より労働を愛し、誠実かつ忠実に振る舞い、同時にキリスト教徒の生活をおくっている者たちはそうではない。（同、三六四）

9　天界の子どもと、その成長

子どもは誰でも、教会の内であれ外であれ、どこで生まれようと、その両親が信心深かろうが不信心であろうが、死ぬと、主によって受け入れられる。そして天界で教育され……善きものへの情愛に浸され……理知や知恵が完成されたあとで天使となる。誰でも理性から考えるなら、どんな人も天界のために生まれており、地獄のために生まれていない、もし地獄に入るなら、その人自身の責任であるが、小さな子どもたちはまだその責任を担うことができない、ということを確実に知ることができよう。（同、三二九）

子どもたちが死ぬと、彼らは他生でも依然として子どもであり、同じようなあどけない心、何も知らない純真無垢、あらゆることにおける優しさをもっている。彼らは天使になる能力の萌芽を宿すにすぎない。なぜなら子どもたちは天使であるのではなく、天使になるのであるから。この世を出て他生に入る誰もが、同じような生命の状態に入ってゆく。小さな子どもは小さな子どもの状態に、少年は少年の状態に、青年、壮年、老年の人間は、青年、壮年、老年の状態に入ってゆく。しかしその後、各人の状態は変化する。小さな子どもたちの状態は、純真無垢で、実際の生活によって悪がまだ根付いていないという点で、他の状態にまさっている。（同、三三〇）

他生の子どもたちの状態はこの世の彼らの状態よりはるかに優れている。というのも彼らは地上的肉体ではなく、天使がもつような身体をまとうからである。地上的肉体はそれ自体粗雑であり、最初の感覚や最初の運動を内的な世界つまり霊界から受容するのではなく、外的な自然界から受容する。その結果この世の子どもたちは、歩行、運動、話すこと……を教えられねばならない。……他生の子どもたちはそうではない。彼らは霊であるから、その内的なものに従ってただちに活動し、練習なしで歩き、話すのである。（同、三三一）

多くの人は、天界の子どもたちは子どものままに留まり、天使たちのあいだでずっと子どもであり続けると思うかもしれない。天使とは何かを知らない人びとは、こうした考えを、天使が子どもとして表現されている教会の絵画や像によって確信するようになったのだろう。しかし事実はまったくちがっている。理知と知恵が天使をつくるものであって、子どもたちがこれらを所有しない限り、天使たちと共にいても天使ではない。彼らは理知的で賢くなるときに初めて天使に

なるのである。……天界の子どもたちは、年齢では成人の初期以上に達することはなく、この年齢に永遠に留まる。（同、三四〇）

幼児は死ぬとみな天界に入るが、そこでの教育についての覚書

（1）幼児たちは乳母とともにおり、彼らは彼女たちを母と呼んでいる。
（2）彼らは「主の祈り」を読み、乳母から、天界の流入を手段として祈りを学ぶ。
（3）彼らのために説教する者がいる。
（4）この世の学者の理知をはるかに超えた理知や知恵も流入する。もっとも、幼児たちはこれらについて子どもらしい観念をいだくのみではあるが。
（5）彼らのもとには天界から来る表象的なものが存在する。
（6）彼らはその勤勉さに応じて、おもに花や花冠を身につける。
（7）彼らは楽園へ導き入れられる。
（8）彼らは試練を受ける。
（9）彼らは各自の受容の状態に応じて成長する。
（10）彼らはさまざまな気質をもっている。
（11）この世で幼児を愛した、母に似ている乳母たちが彼らに割りあてられる。そして乳母たちには、幼児がまるで自分の赤ん坊であるかのような認知が与えられるが、しかしこれ

は、善良で、天界からの流入を受容できる者以外には与えられない。
（12）そこで育てられる幼児は、自分は他生で生まれたのだとしか考えない。
（13）彼らは時間とは何か、空間とは何かといった、地上的なことがらを知らない。
（14）一ヵ月もすると、彼らは天使の言葉を話す。

（『霊界日記』五六六八）

10　天使の性と結婚

男性の男性性は、肉体のあらゆる部分において、その最小の部分までも男性的であり、心のどんな思考や情愛のひとかけらさえも男性的である。女性の女性性も同じである。一方の性は他方の性に転換されることはできない。それゆえ死後も男性は男性、女性は女性であり続ける。

（『結婚愛』三三）

結婚していた者同士のほとんどは死後に再会する。彼らは互いに認めあい一緒になって、しばらくのあいだ暮らす。……彼らが同調して互いに惹かれあうなら結婚生活を続ける。（同、四八）

内部に真の結婚愛を宿す者たちは死後、天使になり、彼らの青春時代を回復する。夫は若い男性となり、妻は若い女性となる――この世において老年のどんな弱さにもかかわらず……青春時代に向かう内なる成長が存在するので、真の結婚愛は、創造において与えられる、喜びと楽しさへと発展し増大する。これは最内奥の天界の喜悦である。

（『黙示録講解』一〇〇〇）

天界での結婚は地上の結婚とちがっている。子孫を産むことが地上での結婚の目的の一つであるが、天界での結婚はそうではない。天界では善と真理を産み出すことが子孫の出産の代わりだからである。……地上での結婚は天界の天使たちの眼には最も神聖なものである。なぜならそれは……人類と天界の天使たちの苗床（発生源）であり、霊的な起源に、つまり善と真理の結婚に発しているからである。

（『天界と地獄』三八二、三八四）

天界に住まう者たちは、生命の春に向かって絶えず前進している。彼らは何千年であれ、年齢を積みかさねて生きれば生きるほど、ますます歓喜に満ちた幸福な春へと前進し、これが永遠に続いていく。年老いたり老衰で世を去った女性でも、主への信仰をもち、隣人を愛し、夫との幸福な結婚の愛に生きたならば、天界で年を経るにつれて青春の花盛りだった頃の美を回復し、地上で見られるどんな美の概念をも凌駕する美へと前進していく。善意と愛こそ、この美の形態をとらせるものである。……ひと言でいえば、天界で年をとることは若返ることなのだ。

（同、四一四）

（数千年前に地上で生き今や最高の天界にいる一組の夫婦に出会ったときの記録）

そのとき最高の天界から、一台の馬車が降りてくるのが見えた。その中に一人の天使が乗っていたが、近づいてくると二人に見えた。……彼らは夫とその妻であった。彼らは、「私たちは結婚したパートナーです。あなた方が黄金時代と呼んでいる初期の時代から、私たちは天界で幸福に生きております。私たちはいつも、あなたが見ているとおりの青春の花盛りの中にいます」と言った。……夫は青年期と壮年初期との中間くらいの年齢に見えた。彼の眼から、愛に属する知恵の火花のような光がきらめいていた。顔はこの光によって最内奥から燦然と輝いているかのようだった。……私は彼の妻の顔を見たとも見なかったとも言えない。私はその顔を美そのものとして見たが、それは表現不能だという理由で見なかったのである。なぜなら、彼女の顔面には燃えるような光彩が宿っていて……そのために私の眼がくらんでただ驚嘆するばかりだったからである。

（『結婚愛』四二）

11　天界の愛と美

天界と、天界にいる者たちの言語を絶した知恵や幸福に関して言えば、その実情はこうである。

すなわち、彼らが眼前に見るあらゆる対象の中に、彼らはみずからの内部に表象される神的で天的な事物を見ている。それゆえ、彼らが外なる対象に視線を注ぐとき、彼らの心は内なるものの中に、かくして神的なものの中に留められる。眼前に現れている対象は、たとえば木、果実、花などのある楽園のように、言語を絶したものである。これらのすべての中に彼らは、彼らが連続して表象するものを見ている。たとえば、眼が青々とした草木を見ると同時に、心は神的な知恵に関連している一連の驚くべきあらゆるものを、一つの複合体として見るのである。表現不能の形態をとった、金、銀、宝石で輝くもの——これらすべては秩序をもった神的なものを含むが——、これらを彼らは眼で見ると同時に心で認知する。ここから彼らは、内的な喜びと外的な喜びとを同時におぼえる。愛は万物を、全体的にも個別的にも照り輝かせる。彼ら自身もまた、彼らの愛と、その結果生じる知恵の受容とに応じて、美しいものとして現れている。

（『霊界日記』五一五三）

天的な愛の内におらず、したがって認知をもたない別な者がこうしたものに近づいても、その者は自分の眼でそこに何も見ないで、どんな美も欠いた何かぼやけたものだけを見る。このように、対象は各人の愛と、その結果生まれる知恵とに応じて見られる。

（同、五一五四）

彼らは天界において、花園だけでなく、特に低木の林を見ている。この林は絶えず変化する無限の多様性をもちながら、じつに見事な秩序のうちにあり、木々には、驚くべき形をした、きわめて美しく神々しい色彩に輝く果実がなっている。また、絶えず変化する装飾をほどこされた宮殿が存在する。そしてこの宮殿は、絶えず変化して、筆舌に尽くしがたい楽しさへと心をいざなうようなハーモニーをもっている。宮殿の内側には叙述できないほどよく配置された部屋があって、その部屋にもすばらしい装飾がほどこされている。さらに、彼らは互いに話しあって、互いに他の者を喜ばせているが、それは、共になって思考の調和的な一致を創り出すような秩序ある仕方でなされる。こうしたことがらは認知することができる。また他の者の性格は、その行動と話しぶりとの両方から見分けがつくし、さらに、他の者の歩いている小径からも、他の者が語ったり聞いたりする一つ一つのものに伴う顔の表情の変化からも見分けがつく。きわめて美しい鳥もおり、鳥は思考に応じてさまざまな色を帯びて、また翼や羽毛で飾られて現れ、飛んでいる。そのほか、無数の種類の温和な動物もいる。（同、五一五九）

天的な王国において、彼らは少女や処女たちを見るが、これらの者たちは「イザヤ書」第三章（一八―二三節）、「エゼキエル書」第一六章（一〇―一四節）、その他に述べられているような、さまざまな色彩の花、宝石、および言語を絶したものとともに、驚くべきさまで配列されたさまざまな装飾をもって、主によって飾られている。そこから彼女たちは、この世の処女たちのどんな美も比較にならない至上の美を得ている。こうしたものによって彼らは、こうしたものが意味するものをことごとく知っている。なぜなら、そこでは処女たちは善と真理との情愛だからである。このように、これらの情愛は十分に表象され、あらゆる細部までも、そこにいる者たちに認知されている。

（同、五一六〇）

絶妙な美が、それは結婚の愛の美だという認知を伴って、私の視覚に示された。だが、それはきわめてわずかしか示されず、いわば一種の雲によって完全な光景をさえぎられた。その絶妙な美は、伝達された或る種の情愛によって、そうしたものだと認められたが、その美については、それは美そのものだとしかほとんど言いようがない。なぜなら、結婚の愛が、言い換えれば、この愛の本質的原理そのものが、心を最深奥まで触発するこの無比の美の形態をそれ自身にとらせるからである。じつにあらゆる美はこの源泉から発しているのだ。私はまたそのもろもろの表象の性質を目《ま》のあたりにしたが、それは空色を帯びた多様な虹と金色の驟雨《しゅうう》であった。

（同、四一七五）

神聖者（神）そのものは純粋な愛である。

（『天界の秘義』六八四九）

神聖な存在者そのものは、人間にはまったく把握不能の愛である。

（同、五〇四二）

一人の霊を地獄から救うために、天使たちは自分の生命を与えることしか考えない。じつに、もし可能であれば、彼らはその霊に代わってみずから地獄の苦しみを耐え忍ぶであろう。したがって彼らの最内奥の喜びは、死から甦る者を天界へ入らせることである。（同、二〇七七）

天界の愛は、それ自身のためではなくすべてのために存在することを願う。したがってその愛は、それ自身の全部を他者に分け与えようと願う。天界の愛の本質はここにある。（同、一四一九）

私は或る霊的な観念に基づいて、愛はけっして眠ることができない、ということを認めた。このことは、肉体の生命における多くのことがら、子どもたちが何らかの危険に陥ったさいの両親（の態度）、また友人（同士の友情）などから明白であり、愛はそれ自身めざめているのだ。

（同、三一六六）

天界の愛は以下のような真の結婚の愛から、かすかながらも認めることができよう。すなわち、真の結婚の愛においては、夫はその配偶者を自分を愛する以上に愛しているし、彼は彼女のために死さえいとわないのである。そればかりか、彼は彼女に自分の全財産を費やし、自分のために使うよりもむしろ彼女に与えようとする。また天界の愛は、子どもに対する両親の愛からも認めることができよう。母親はその子どもの食べ物がなくなるよりは、むしろ自分を飢えさせようとすることは周知のことである。同様に獣も鳥も、自分よりもその子どものことを気づかうのである。また、その友のために死のうとしたり、あらゆる方法で友のために仕えようとしたりするさいの真の友情からも認めることができよう。さらには、その起源を同じ源から得ているありふれた礼節からも認めることができ、そのさいに相互的な愛は自分には乏しいものをとって相手にはより良い分け前や食べ物を与えることなどによって外的に明示されている。最後に、天界の愛は預かったものや借りたものからも認めることができるのであり、正直な者はその隣人のものを自分のもの以上に注意深く守り保管しようとするのである。

そのことは愛の性質からも明らかである。愛とは、自分を他者に与えようと願うことであり、自分にではなく他者に仕えることに喜びを感ずることである。そしてこうした者が多くいるとき、そこに相互的な愛が生まれるのである。なぜなら互いに似たものは相互的だからである。しかし、自分を他者にまさって愛する者や、金銭にガツガツした者、ましてや強欲な者はこの相互的な愛を受けることができない。このようにして主(の愛)のあらかたが示されるのである。これらのことがらは霊たちの面前で語られた。

(同、三五三〇)

愛は天界が存在するための根本的な原理であることは、次のような事情によって明らかだ。すなわちそれは、天界全体と霊たちの世界全体——創造された人類全体——が一つのものを形成すべく、調和と一致が、そこからまた普遍的な結合が存在しなくてはならない、ということである。

このことはあたかも……人間の中にある個別的なものがことごとく一つの人体を形成し、かくしてひとりの人間を構成するようなものである。もしこの人体において、何か他のものよりもみずからを好み、他のものをみずからにまさって愛さないなら、人体は存続することができない。周知のことだが、純粋な愛をもつ者は共通の善と普遍的な人類とについての観念を有しており、こうした観念に照らせば、個々の人間はみな無のようなものであるべきなのだ。それゆえ、人間が自分自身をその同胞に連合しているものと見なし、共通の善に関してはみずからを無として認め、自分以上にその隣人を愛さないなら、人間はその一致した身体（すなわち天界）の中にけっしていることができず、必然的にみずからをそこから追放してしまうのであり、その追放の程度は人間がみずからをその愛から遠ざけることに比例している。

（同、四〇四六）

霊たちと愛について話しあったとき、以下のことが言われた。すなわち、愛は生命であり、愛なくしてはどんな生命も存在しないが、霊たちは（真の愛に）反した性質をもつために（霊たちの世界には）自己愛や世俗愛のような（真の愛に）反した愛があって、これらの愛に照応した歓喜が起こっている、と。また彼らから以下のことも認められた。つまりそれは、個別的な対象への愛、ないし欲望――それは愛の連続したものだが――がない限り、あるいは何らかの愛に特有な何らかの歓喜がない限り、どんな生命も存在しないということであり、また、こうしたことは人間のあいだでよりも霊たちの世界でのほうが一層よく認められているということである。彼らはそのとき明晰な認識に基づいて、「愛と、そこから生じる歓喜がなければ、どんな生命もありません。これ以外のどんな条件下でも何らかの程度の生命が与えられうるとは思いません。春と夏の温熱なしでは何一つ成長できないように、霊界では愛なしでは何一つ生きることができません」と言った。このことから、真の愛は唯一の生命であり、愛の生命のほかにはどんな生命も存在しない、ということが明らかにされた。

（同、四一〇五）

12　天界の宗教——宗教・教派を超えた万人の救い

人間はどんな宗教を奉じようと救われることができる。

（『黙示録講解』一一八〇）

主の慈悲は無限であり、（キリスト）教会内部の比較的数少ない人びとに限定されず、世界全体に達している。

（『天界の秘義』一〇三二）

主の教会は普遍的であり、神聖者を承認し仁愛に生きる万人のもとに存在している。

（『天界と地獄』三〇八）

主の教会は全世界に拡がっているので普遍的である。自分の宗教に従って仁愛の生活をおくるすべての人は主の教会の会員である。

(同、三二八)

主の天界は境界がなく、あらゆる人種と言語から形成されている。愛と信仰の善を宿すすべての者がそこにいる。

(『天界の秘義』四八〇五)

今後人びとは福音派、改革派と呼ばれてはならない。ましてやルター派、カルヴァン派とも呼ばれてはならない。キリスト教会と呼ばれなければならない。

(『新しい教会への招き』大要、一〇)

第四章　解説

　本章では、スウェーデンボルグの天界についてのことばを集めた。他の宗教書や文学書と比較して、スウェーデンボルグの描く天界の特色は、次の四点であろう。それは、㈠ダンテの『神曲』、バニヤンの『天路歴程』、ゲーテの『ファウスト』などに見られるような、文学的想像力の所産でないこと、㈡他人からの伝聞に基づいて書かれた記録でないこと、㈢近代科学の洗礼を受けた人物の実体験に基づいて、体系的に論述されていること、㈣宗教・思想・文化の差違にとらわれない普遍的視座から一貫性ある描出を試みていること、この四点である。

　スウェーデンボルグの天界と似た世界と思われる極楽を、浄土教の経典の一つ『無量寿経』が描いている。また『コーラン』にはイスラム教の天国が描かれている。いずれも素朴な言葉の繰り返しや誇張表現が際立つ。文学書に見られる天国や天界は、時代がくだるにつれて複雑で洗練されてはいるが、想像力によって描かれたという奇異の感を拭いきれない。

　フランスの文豪バルザックはスウェーデンボルグの『天界と地獄』を読み、これに着想を得た小説『セラフィタ』を書いた。作中で、スウェーデンボルグの従弟《いとこ》の子とされている、両性具有の主人公が、最後に最高の天使「熾天使《セラフ》」と成って召天する神秘的な小説である。これも想像力の産物であるが、読者を天界へ誘うような情趣がある。バルザックは次のように作中人物に語らせている。

スウェーデンボルグが案内役の天使に連れられて昇ってゆく最初の旅の描写は崇高で、クロップシュトックやミルトンやタッソーやダンテの叙事詩をさえ、神が地球と太陽とを引き離した距離ほどに、凌駕している。

（蛯原徳夫訳、角川文庫）

近代科学の洗礼を受けた人びとが、天界を含む霊界を研究する機関ＳＰＲをロンドンで設立したのは一八八二年である。ＳＰＲはSociety for Psychical Research（心霊研究協会）の略称で、世界の著名な人物や科学者が一堂に会したことで有名である。三浦清宏氏の『近代スピリチュアリズムの歴史』（講談社、二〇〇八年）には、錚々たる歴代のメンバーが列挙されている。そのごく一部だけを示しておこう。

ノーベル物理学賞受賞のＧ・Ｐ・トムソン、物理学者のオリヴァー・Ｊ・ロッジ、『不思議の国のアリス』の著者であり数学者のルイス・キャロル、美術・社会批評家ジョン・ラスキン、詩人のＡ・テニソン、ツタンカーメン王墓を発掘したエジプト学者カーナーボン。これらはすべてイギリス人である。また会長職についた著名人としては、アメリカの哲学者ウィリアム・ジェームズ、ノーベル生理・医学賞受賞者のフランスの生理学者Ｃ・Ｒ・リシェ、フランスの哲学者

H・ベルクソンなど。
SPRの成果については今あげた本に詳しいが、率直に言って筆者は、その成果を多少疑問視している。特に霊媒を使って他界を知ろうとする実験にはなかなかついて行けず、違和感をいだく人もいると思われる。しかしここではこれ以上深入りせずに、SPRの活動についてヘレン・ケラーの評言を引用するにとどめたい。ケラーは三重苦の聖女・光の天使などと呼ばれた著名な社会事業家・著述家である。四七歳のときスウェーデンボルグ派の自分の信仰を公言した自伝『私の宗教』を出版したが、その中の一節である。

私はオリヴァー・ロッジ卿のような心霊研究家たちが、同じような主題を扱うスウェーデンボルグの厖大な著作についてほとんど言及していないことに驚いています。ロッジ卿は亡くなったご令息レイモンドとの何回もの会見記を発表していますが、それによりますと、永遠の国の住民たちは彼らのいちばん好む仕事に携わり、いちばん好きな仲間と生活を共にするとか、さらに衣食に関することまで語っています。しかしこうしてもたらされるあの世の情報は乏しくて断片的なものにすぎません。しかもそれらは骨折った交霊術によって引き出されたもので、天使や霊たちと顔と顔をあわせて会話したり、無数の合理的な出来事やダイヤモンドのように輝くあざやかな真理の数々を書きとめているスウェーデンボルグの仕方とは、雲泥の差があります。

ところで一九〇六年にイギリスで一般読者向けに刊行された、有名な古典の翻訳版シリーズ「エブリマン叢書」がある。これは日本の大手出版社の文庫本に相当する。この中にスウェーデンボルグの代表的な宗教著作がつごう四冊おさめられている。それは『天界と地獄』『神の愛と知恵』『神の摂理』『真のキリスト教』である。このうち『神の愛と知恵』は、第八代SPR会長のオリヴァー・ロッジが、『真のキリスト教』はヘレン・ケラーが、それぞれ長い序文と解説を書いている。ケラーはそこで、キリスト教世界も含めて現代の世界は「霊的に盲聾の世界」と呼び、この暗闇の世界に灯《ひ》を点《つ》けるのが、ほかならぬスウェーデンボルグの教説である、と述べている。またロッジが『神の愛と知恵』に序文を書いたのは、その著作が宗教著作の中で最も科学的・哲学的な色彩の濃い著作だからであろう。

本章の主題は天界である。ボルヘスは『天国・地獄百科』を編集した。世界中の宗教や文学の古典から広範に採集された天国と地獄の諸相をコンパクトかつ学術的に編集した珠玉の小百科事典である（邦訳、牛島信明他訳、書肆風の薔薇、一九八二年）。

およそ一二〇項目の著者の作品や宗教の聖典類からの引用があるが、スウェーデンボルグからのものが一番多い。本書ではボルヘスの言葉を幾箇所で紹介したが、巻頭言にあるとおり、スウェーデンボルグはみずからの「神秘家としての経験を明瞭で明確な散文で書かれた理路整然とした学術書に記録し」「他の神秘主義者たちとちがって、彼は比喩的表現、感情の高揚、曖昧で極端な誇張表現は避け」「見知らぬ国を記録する探険家か地理学者のように厳密に書くことを好んだ」のである。

本章と次章で取り上げるのはまさに「天国・地獄」の探検家スウェーデンボルグの優れた記録である。それゆえ議論や批判をする以前に、私たちは未知な世界の見聞と観察の記録をまず虚心坦懐に読むことが肝心であろう。したがってここでは、天界のごく全般的な事象と、スウェーデンボルグを最も特徴づける「照応」の基本的なことを以下に要説したい。

肉体の死後、人間は創造の目的である天界へ行き、自然界よりはるかに完全な世界で生きつづけ、さらに精神的に向上しつづける。もし「創造の目的」といった言葉に抵抗を感じるなら「自然に」とでも適切に置き換えて読み進めばよいであろう。人種や民族によって異なる小さなちがいや言葉の端々にとらわれていては普遍的なものの把握を難しくするばかりである。

天界は観念の世界、幻想の世界ではない。バーチャル・リアリティーなどを凌駕するリアルな生き生きとした世界である。そこには空があり太陽が輝き昼も夜もある。月も星も大気もあって、雲が流れ雨が降る。大地には山、谷、平原、砂漠、海、湖水、河川が広がる。森林、樹木、草花など植物界のいっさいのものと、獣、鳥、魚、昆虫などの動物界のいっさいのものが生きている。人間に先立って創られたような天使や悪魔は一人たりともいないが、数え切れないほどの多くの人間が多くの社会や共同体をつくって平和に暮らしている。

人びとは霊的身体に多彩な形や色の衣服をまとった姿で、街路や公園を行き交い、また村落に住むことを好む者もいる。都市に住むも山村に住むも自由である。家族一緒の家もあれば独居者の家もある。仕事を中心とした健全な社会生活が営まれ、人びとは怠惰を嫌い仕事に励み、全体として秩序ある理想的な、相互扶助の世界を、まるで宇宙の意志であるかのように築き上げている。

天界は自然界という物質的世界に似た世界だが、それは見かけ（外観）にすぎない。天界に存在するすべての事物・事象は物質ではなく霊的原質によって組成されているので、自然界という実在の最外部（表層）とちがって、自然界の事物のように固定されておらず、ダイナミックな仕方で流動している。

天界の個々人は例外なく「スフィア」と呼ばれる、一種の発散気を有する。スフィア（ラテン語sphaera、英語sphere）とは元来、球を意味する言葉で、天球層や領域の意味に発展した。スウェーデンボルグの用語では、各人がみずからの周囲に発出する霊的な圏域ないし霊気である。この言葉で連想されるのは、キリストの聖像や仏像の後光、あるいは現在では平気で使われるようになったオーラである。しかしこれらははるかに小規模なスフィアである。

各個人は、スフィアによってみずからの周囲に霊的事物を産出する。霊の眼前に展開するのは、こうして産み出された霊的な顕現物である。それは主観が表象する抽象的な産物でも、たんなる幻想でもない。霊の眼前に開かれる、生きた霊的な自然界である。スウェーデンボルグはこれを、

「実在的な現れ」と呼ぶ。

現世の人間もその内部に自分独自の霊的世界を有するが、それは感じたり考えたりすることの中にぼんやりと意識されるにすぎない。天界では、各人は各人自身の世界を外にも表出・産出して、同じようにスフィアを有する他者と交流するのである。

スフィアは集団にも社会にもあり、天界全体に拡がっている。個々人のスフィアは水面に立つ波のように伝播していく。そのさまは湖に立つ無数の大小の波が複雑に交差するのに似ている。

この世では、何かが変化するには時間を要する。東京からロンドンへ行くには十数時間かかる。家を建てたいと思っても、設計から完成まで数ヵ月はかかる。誰かにしきりに会いたいと思っても、離れたところにいればすぐには会えない。ところが、天界では、時間と空間がこの世とちがっているために、行きたい場所に瞬時に行け、ほしいものは瞬時に眼前に現れ、会いたいと思った瞬間に相手はそこにいる。こういうことを私たちはまったく考えることができないわけではない。夢を見ているとこうしたことはよく起こり、夢の中では不思議ともなんとも思わないからである。

天界には、この世で計測されるような空間も時間もない。そもそも天界に輝く太陽は、天使たちの前方に四五度の高さに静止して見られるという。天界には、空間の霊的本質である「生命の状態」があり、時間の本質である「生命の状態の変化」がある。自然界では全体として見て固定されているのに反して、天界はダイナミックに流動していると述べたが、その意味で天界は生命の躍動する世界であり、絶えず変化し進展している。

その生命の中心に位置するのが、各個人の霊的な心がいだく想念や感情である。この想念や感情がスフィアのなかに表出している事態そのものが、「生命の状態」と、その「状態の変化」と考えることもできる。

思いや気持ちが変化するごとに、夢がそうであるように、周囲の風景も次々と変化する。スウェーデンボルグはあらゆる角度から天界で起こる現象を説明しようとするが、興味深い例を一つだけあげておこう。

それは天界で考えや意見を異にする者どうしが論争する場合である。二人の意見が一致するあいだは、共に楽しめるような光景が出現し、心地よい風が吹いてくる。多少の不一致が生じるなら、少し空模様があやしくなり、雲が出てぱらぱら小雨が降り出すかもしれない。しかし、論争が高じて二人が激昂したとしよう。その瞬間、風景が一変するだけでなく、完全に相手が視界から消えてしまう。英語で「分かった」は、I see [you].（私にあなたは見える）である。「分からない」なら、"I don't see [you].（私にはあなたは見えない）である。見えていた相手も、互いに分からなくなった瞬間に文字通り見えなくなってしまう。

こうしたことは、個人どうしだけでなく、集団や社会にも起こる。或る共同体が現れたり、その場所から立ち去ってどこかへ移動したりする。移動すると、その周囲のすべての事物や事象も変化してしまう。あるいは、共同体そのものが消失してしまうこともある。

以上が天界、ひいては霊界全体に共通する基礎的現象の要説である。

スウェーデンボルグは科学的時期から宗教的時期への移行期に、『照応と表象による、自然的・霊的秘義を解く象形文字の鍵』という小論を書いた。それは未刊の遺稿として残されているが、ここで照応の理論が展開されている。これは彼が探究してきた解剖学・生理学・心理学の該博な知識を駆使して、外なる物質的宇宙と内なる心的宇宙をつなぐ原理を樹立しようとする試みであった。彼はこの原理によって、霊魂（心）の反映である肉体の有機組織を総合的に把握する「鍵」を見出せると考えた。それだけではなく、この鍵によって聖書や他の聖典の深層に宿る隠された意味を読み解ける、と信じたのである。

当時エジプトの象形文字（ヒエログリフ）は解読されておらず、スウェーデンボルグはその解読にも挑んだ形跡がある。周知のように象形文字は、一八二二年に、シャンポリオンがロゼッタストーンにより解読に成功している。

しかし二〇世紀のエジプト学のウィーン学派と呼ばれる学者たちは、象形文字で書かれた古代エジプトの宗教文書類を研究して、その文章には一つだけの意味ではなく複数の意味が重層することを指摘している。スウェーデンボルグの試みは、古代エジプトの文書ではなく、おもに聖書の重層する意味の探究に向けられたものである。この鍵を用いたスウェーデンボルグの聖書解釈は彼の神学・宗教思想の根幹を成している。ここではこれに立ち入らず、彼の聖書や神話類の解読の原理になった「照応」について簡潔に述べてみたい。

スウェーデンボルグの描く内なる宇宙、つまり霊界は、生理学的宇宙とでも言うべき独自の構造を有する。

天界全体が理想的な形態をとるときには、一人の「人間の形態《ヒューマン・フォーム》」になるという。それは「最大にして神的な人間」(Maximus et Divinus Homo)である。天界における各社会は、一つの人体のように有機的な全体の一部である。バラバラな部分ではなく、全体にとって不可欠な部分である。

人間の心が成層的な構造を有するように、天界を含む霊界全体は成層的な構造を有している。死後の世界は人間の宗教的、道徳的性格を縦軸とし、個性や好みを横軸として幾層にも棲み分けられている。前述したように、類は友を呼び、類が異なれば反撥しあうため、善と悪は究極的に分離する。そのため、霊界は天界と地獄に分離している。天界と地獄との中間地帯もあり、そこは「霊たちの世界」(mundus spirituum)と呼ばれる。天界と地獄はそれぞれ大きく三つの層に分かれているが、これは品位や階級の差のような格差を表す区分ではない。また永久に固定した区分ではなく、各個人または各社会の「優勢となった愛」によって変化する流動的な区分である。

霊界と自然界は、「連続的な階層」(gradus continui)ではなく、「不連続的な階層」(gradus non contini)をもって区別され、「照応」(corespondentia)によってつながっている。

「連続的な階層」とは、明暗、濃淡、寒暖のように、自然界に見られる同一の事物の増減の度合いのことである。これに対して「不連続的な階層」とは、例えば心と体のように、実在の次元を異にする事物・事象間の関係を示し、先在と後在、原因と結果、産出するものと産出されるものとのあいだのつながりを言う。この階層をもつ事物・事象は、その構成要素がおのおの分離し、不連続のように見えるが、実際は有機体のように一つの全体を構成しているのである。

「照応」とは、「不連続的な階層」のあいだを結ぶ原理であり、スウェーデンボルグの思想を特徴づけるもっとも有名な用語となっている。これは、実在の階層を異にする事物、例えば霊的事物と自然的事物とのあいだの、因果的かつ機能的関係を指す。或る自然界の物体、活動、現象が、或る霊的なものの結果として生起し、これに反応、適合、呼応、類似するとき、これらの二つのものは照応すると言われる。

例えば、何かを手で持ち上げようとする。そのさい、意志という一種の霊的な（精神的な）力が自然界にある手という肉体の一部に働きかけたと考えるとき、意志と手の働きは照応しているのである。

身近な例をあげて、さらに説明しよう。私たちは、「あたたかい心」「心が晴れる」「心が曇る」「心があたたまる」「知恵の光」「冷たい心」などと言う。

こうした表現は、心的な過程を、物理的な過程に属することばを使用することによって成り立っている。晴れたり曇ったりするのは、空という物理的な空間である。あたたかい、冷たいは、物理的な熱に関係する。物理的な寒暖は、熱の増減の差として寒暖計で計ることができる「連続的な階層」を成す。しかし「あたたかい」と「心」は不連続であるから寒暖の差を計ることができない。ほかにもこのような表現は無数にある。

物理的過程と心的過程は別次元の階層に属する。心で念じることによって、空を晴れにしたり雨を降らせたり、熱を発生させて水を湯に変えたりすることはできない。いわゆる因果律(原因と結果の法則)は、厳密に言えば、物理的過程にだけあてはめることができる。心が原因となって直接に物体を動かすことはできないのである。

それでも私たちは、両過程間のつながりや調和を直感的に知っている。愛は物理的な熱と何らかの関係をもつから、「愛とはあたたかい心」「情熱」「燃える思い」「灼熱の恋」「憎悪の炎」などと言う。逆に、熱が引けば冷たくなり、「冷めた心」「冷淡」「冷酷」「冷静」「冷たい仲」などと言っている。

今ここで「愛とは冷めた心」だと言い換えてみよう。すると違和感が生じるであろう。私たちは「愛」は「冷たさ」ではなく、「あたたかさ」と何らかの関係をもつことを直感しているわけである。

照応とは、このような、連続的ではなく不連続的な階層間での何らかのつながりと交互作用のことである。今あげた例では、たんなる比喩や象徴とも考えられるが、スウェーデンボルグの言う「照応」はもっと存在論的な概念である。熱と光を例にとって、もう少し考えてみよう。

熱が愛とか情愛に照応するように、光は知性的なものと照応する。私たちは光によって物を見るように、おそらく内なる光によって何かを見るのであろう。思考とか知性機能は内的に(精神的に）見ることと関係がある。心が照らされて明るくなるから、精神的なものごとがよく見える。「あの人はここの地理に明るい」「明らかにされる」「明るみに出す」「聡明」「明晰」「明解」、さらには仏教語の「光明」（仏の心身から発する光、慈悲や知恵の象徴）などということばにそれを認めることができる。

熱と光は物理現象であるのに、精神的次元のさまざまな事象に照応している。熱は善悪両方の意味で愛や情愛に照応する。相互に反対のものと思われる愛と憎しみは、両方とも熱である。「冷淡」「冷酷」は熱が冷めた状態と考えればよい。事実、愛の正反対は憎悪であるよりも冷淡な無関心なのだ。

光が知的なものの照応であるとすれば、その発生源は太陽である。自然界の究極的な熱源、光源は（恒星も含め）共に太陽の火である。スウェーデンボルグの神学は、彼の太陽系生成論を援用した、いわば「太陽神学」とも言えるであろう。

スウェーデンボルグによれば、物理的な熱は霊的な愛ないし情愛に、光は霊的な知恵にそれぞれ照応する。自然界の万物の成長には熱も光も必要である。同様に、人間の心の成長にも愛と知性が必要である。もし、熱（愛）だけが優勢で光（知性）が弱ければ、他人の迷惑になる直情径行な性格が形成される。逆に、光があっても、熱が伴わなければ植物はよく育たないだろう。百合の花は南極でなぜ咲かないのか、考えてみてほしい。同様に、知育だけで、ものごとに感動できる情操教育を受けなければ、頭でっかちの冷たい性格が形成されるだろう。

太陽の熱と光は、春夏秋冬や朝昼夕夜の変化を生み出す。これらの変化は、人間の心の変化や人生そのものの変化にも照応すると言える。やや熱の優勢な熱光の調和が春であり、それは苦しみや悲しみのあとで味わう、ほのぼのとした、うきうきとした心の状態に照応する。「私にもやっと春がめぐってきた」と言う。また、青春は思春期、青年期を指すし、人生の最盛期を「わが世の春」などと表現する。

夕方や秋は、それに照応した精神状態や人生の時期を表すのに好んで使われる。秋は夏の過剰な熱が後退した明澄な光の季節である。そのとき、余計な情熱が抑制され、明晰な思考がもっともよく働くであろう。しかし、熱が退いた分、もの悲しい感情が生まれやすい。自然界の月や星、樹木、草花、動物など、無数のものが、それに照応する精神的ないし霊的なものを有しているのである。

最後に自然界と（天界を含む）霊界の大ざっぱな関連をまとめておこう。自然界は、霊界の固定的で不活性な複製である。霊界は自然界の根源としての先在的世界、自然界は霊界の表層としての後在的世界である。つまり、霊界は、自然界に存在するすべてのものの根源、生命、力、エネルギーなどとして、生動的な異次元宇宙を構成し、自然界と照応している。

スウェーデンボルグは、その著『神の愛と知恵』で、科学的著作の『原理論』を踏まえた、神による宇宙と人間の創造論を展開している。それによると、霊界の創造は自然界の創造に先立ち、霊界は自然界を内部から不断に維持している。「維持は不断の創造である」とスウェーデンボルグは言う。霊界によって生気づけられなければ、自然界、すなわちこの世の宇宙は「無限の死体」にすぎないのである。

なお心身間の照応、特に感覚と感覚器官のあいだの照応については、第六章17にやや詳しく説かれている。

第五章　地獄歴訪

本章では、天界と対立する地獄の全体像やその基本的な性質が扱われる。まず、地獄と天界の対立、地獄の遠景と近景、地獄の罰と呼ばれるものの実態が叙述される。そして最後に、地獄をつくる原因である人間の自己愛と世俗愛の特性が明らかにされる。

1　天界と地獄の対立と霊的平衡

秩序は次のことを要求する。つまり来世においては、万人はこの世で身に付けた生命の種類に応じてその居所を見出すだろうということである。——悪人は悪人のもとにおり、善人は善人のもとにいるのである。悪人と善人が共にいることも、悪人が良い状況にいることも不可能である。善と悪は対立しており、一方が他方を破壊してしまうから。

(『天界の秘義』八七〇〇)

その全人生が自己愛と世俗愛の上に築かれた者たちは、自分自身のためにだけ善を欲し、自分自身のためになる場合を除いて、他人のために善を欲することはない。

(同、一〇七四二)

人間の生命は死後に変化しない。生命はそれがあったままに留まる。地獄の生命は天界の生命に変えられることができない。これらは対立するから。（同、一〇七四九）

霊界の誰であれ、自分自身の熱望に抵抗できない。熱望は、その人の愛に由来し、その愛はその人の意志に由来し、その意志こそその人の本性そのものだからである。（『天界と地獄』五七四）

天界の神は主であり、全天界を統治する。……同様に主は全地獄を統御する。（同、五三六）

二つのものが互いに対立して活動するとき……一方が他方に作用したのと同じ分、他方が抵抗し反撥するなら、両方に同じ力が働くので、力の優劣はなくなる。そのさいその両方のものは、第三のものによって自由に動かされる。このことはよく知られている。なぜなら二つの力が等しい抵抗によって中和されるとき、第三の力は完全な効力をもち、どんな抵抗もないかのように容易に働きかけるからである。こうしたものが天界と地獄のあいだにある平衡（equilibrium）である。しかしこの平衡は、同じ力をもった二人の肉体的闘争のあいだにある平衡のようなものではなく、霊的な平衡である。つまり真理に対立する虚偽や、善に対立する悪のあいだにある平衡である。地獄からは悪に発する虚偽が、天界からは善に発する真理が絶えず流れ出ている。人間に思考し意志する自由を維持するのはこの霊的な平衡である。

（同、五三七）

2　地獄の風景

地獄は至るところに、山、丘、岩の下にも、平原や谷の下にもある。山、丘、岩の下にある地獄への入口ないし門は、眼には岩の穴や裂け目のように見え、幅広くなっているものもあれば、窮屈で狭いものもあり、その多くはぎざぎざしている。のぞきこむと、どれもが暗く、くすんで見える。しかし、そこにいる地獄の霊たちは、燃えている石炭から来る発光物の中にいる。彼らの眼は、そのような光の受容に適している。……私は地獄をのぞきこんで、その内部がどうなっているかを見ることが許された。……地獄のいくつかは岩の中の洞穴や小穴のように見え、それは内部に延びて、斜めか垂直に、底なしの淵へと降りていた。或る地獄は森の野獣の住む洞か穴のように見え、或る地獄は鉱山に見られる空洞や坑道のように見えた。洞穴は低いところへ延びていた。地獄の大半は三重になっており、上層の地獄は、悪の虚偽の中にいる者たちが住んでいるので、その内部は深い暗闇に包まれているように見える。下層の地獄は悪そのものの中にいる者たちが住んでいるので、火のように見える。なぜなら、暗闇は悪の虚偽に、火は悪そのものに照応しているからである。悪から内的に行動した者たちは、一層深い地獄にいる。悪から外的に、つまり悪の虚偽から行動した者たちは、それほど深くない地獄にいる。或る地獄は大火事のあとの街や家屋の焼け跡のように現れており、そこに奈落の霊たちが身を隠して住んでいる。それより穏やかな地獄には、粗末な小屋のようなものが見られる。街路や路地のある町のように互いに隣接していれば、家の中には奈落の霊たちがいて、絶えず口論し、反目し、けんかし、暴行を加えている。街路や路地では強盗や略奪が横行している。売春宿しかない地獄もあり、そこは、吐き気をもよおすような、あらゆる種類の汚物と排泄物に満ちている。……諸地獄の詳しい位置についてはまったく知られていない。それは天界の天使たちにさえ知らされておらず、ただ主のみが知っている。

（『天界と地獄』五八四〜五八七）

3　地獄の猛火と酷寒

自己愛と世俗愛から来る、悪を行う欲望が「地獄の火」によって意味され、地獄にいるすべての者の欲望はこのようなものであるので、地獄が開かれるときは、大火で見られるような煙まじりの火が現れる。自己愛が行き渡っている地獄からは猛火が、世俗愛の行き渡っている地獄からは火焔が見える。しかし地獄が閉じられると、この火は見えなくなり、代わって濃い煙のような薄暗いものが見られる。……この地獄の火または熱は、天界からの熱が流れ入ると猛烈な冷寒に変化し、その中にいる者たちは、悪寒と発熱のあまり震え、内部に苦痛を感じる、ということに注意するべきである。彼らは神聖なものに真っ向から対立し、神的な愛である天界の熱が自己愛である地獄の熱を消滅させ、それとともに彼らの生命の火を消滅させるということである。これが震えと苦痛をもたらす冷寒の原因である。……地獄の火によって意味される、自己愛から生まれ出る欲望は、法律を恐れたり、名声、名誉、利得、生命の喪失を恐れたりするような外的な束縛によって抑制されなくなると、誰もが自分自身の悪の衝動に駆られて、他の者に襲いかかり、為しうる限り他者を制圧して自分の支配下に置き、従おうとしない者を狂喜して残酷に扱うのである。……地獄のすべてはそうした社会であるため、そこにいる誰もがその心に他人への憎悪をいだき、力があれば、その憎悪は残酷な行為へと爆発している。このような残酷さと拷問も、地獄の火によって意味されている。なぜなら、これは欲望の結果起こることだからである。

（同、五七一～五七三）

4　地獄の人間の顔だち

全体的に彼らの顔立ちは醜悪で、死人の顔のように生気がない。黒い顔をした者、たいまつの火のような顔をした者、にきび、いぼ、潰瘍でただれた顔の者がいる。或る者は顔がないように見え、顔の代わりに毛や骨のようなものが現れている。歯しか見えない者もいる。彼らの身体もまた怪物のようである。彼らの話す言葉は怒りと復讐の言葉のようである。というのは誰もが自分の虚偽から語り、その語調は悪に由来しているからである。ひと言でいえば、彼らはみな自分自身の地獄の映像である。（同、五五三）

5　天界による地獄の統御

全体として地獄は、神的な善と真理が諸天界から全般的に流入することによって支配されている。この流れによって、諸地獄から流れ出る全般的な活力が阻止され、抑制されている。また、個々の天界および天界の個々の社会からの特殊な流入によっても阻止され、抑制されている。地獄は個別的には、天使たちによって支配されている。彼らには地獄をのぞきこんでそこの狂気と騒乱を抑制する力が与えられている。時には天使たちが地獄へ送り出され、そこに現れることによって、この狂気や騒乱が鎮められる。しかし一般的に、地獄にいるすべての者は恐怖によって支配されている。或る者たちは生前に吹き込まれ、依然備わっている恐怖によって支配されているが、この恐怖は十分なものではなく、徐々に薄れていくので、彼らは罰の恐怖によって支配される。彼らに悪を行うことを思いとどまらせるのは、特にこの罰の恐怖である。地獄の罰は多様であり、悪に応じて穏やかだったり厳しかったりしている。ほとんどの場合、狡猾さと策略に長じ、他の者を罰とそれから生まれる恐ろしさによって服従させ隷属させることのできる（地獄の）霊たちが、彼らの上にあてがわれている。しかし、この統治する者たちは、彼らに定められた限度をあえて超えようとはしない。地獄にいる者たちの狂暴と暴力を抑制する唯一の手段は、罰せられる恐怖であることが理解されなければならない。これ以外の方法は存在しないのである。

（同、五四三）

6 悪と罰の一体性

悪霊たちはむごく罰せられるが、それは罰によって彼らに悪を行うことを思いとどまらせるためである。これはまた主に発しているように見えるが、しかしそこのどんな罰も主から来ているのではなく、悪そのものから来ている。なぜなら悪はそれ自身の罰と、分離できないほど結合しているからである。奈落の輩《やから》は悪を行うこと、特にほかの者に刑罰を加え痛めつけることを何よりも欲し、愛しているからである。彼らはまた、主によって庇護されていない者なら誰でも虐待し、罰を加えている。それゆえ、悪が悪い心から為されると、それによって主によるあらゆる庇護が斥けられるために、地獄の霊たちは悪を為す者に襲いかかって罰するのである。このことは、この世における悪とその罰によって、ほぼ説明できるであろう。この世でも、この二つは結合しているのである。というのは、この世の法律はあらゆる悪に対してその罰則を規定しており、それゆえ悪へ突入する者はまた悪の罰へも突入するからである。ただ一つのちがいは、この世では悪は隠せるが、他生では隠せないという点である。このすべてから、主は誰に対しても、どんな悪も行わないということが明白である。これはこの世におけるのと同じである。すなわち、この世でも、犯罪者に対する刑罰の原因は、国王でも裁判官でも法律でもないのである。なぜなら、これらは悪を行なった者の中にある悪の原因ではないからである。（同、五五〇）

7　地獄をつくる自己愛と世俗愛

神はその顔をそむけて人びとを拒み、その悪のために怒って地獄に投げ込む、といった考え方が広まっている。さらには、神は人間を罰して人間に悪を行うとさえ信じる者がいる。彼らは聖言の字面《じづら》の意味を用いてこうした考えを確証する。……しかし聖言の霊的な意味は、その字面の意味とまったくちがって解釈されるということを、彼らは知らない。この霊的な意味に基づく教会の真の教理は別なことを教えているのである。つまり、神はその顔をけっしてそむけず、けっして人びとを拒まず、誰をも地獄に投げ込まず、誰に対してもけっして怒らない、ということを。

（同、五四五）

二つの愛、自己愛と世俗愛が人間のもとで地獄をつくるものである。なぜなら地獄ではこの二つの愛が勢力を振るっているからである。

（『天界の秘義』七三七六）

自己愛は自分自身にだけよかれと願うことである。教会、国、どんな人間の社会であれ、他者によかれと願うのも自分のためだけである。その愛はまた自分自身の名声、名誉、栄誉のためにのみこれらの他者に善を行うのである。……したがって自己愛を宿す人は、教会も国も社会も愛さず、自分自身だけを愛している。彼の喜びは自己愛の喜びである。

（『天界と地獄』五五六）

自己愛を宿す者たちに属している悪は、一般に、他人への軽蔑、好意的でない者への嫉妬や敵意、このための敵対的行動、さまざまな憎悪、復讐、狡猾、欺瞞、無慈悲、残酷である。

（『新エルサレムとその天界の教理』七五）

自己愛の悪を宿す者たちは、この愛の質と量に応じた深さの地獄にいる。

（『天界の秘義』八三一八）

世俗愛は自己愛ほど天界的な愛に対立していない。なぜならその愛の内部に隠れている悪は自己愛ほど大きくないからである。世俗愛は、どんな手を使ってでも他人の財産を自分に確保しようとする欲望や、富への執着……にある。しかしこの愛は多様である。……名誉を得るための富への愛もあれば、富を増やすための名誉と高位への愛もある。また富のためにのみ富を求める守銭奴的な愛もある。

(『天界と地獄』五六五)

第五章　解説

本章では、天界の対極に位置する地獄の諸相が叙述されることばをまとめた。その内容は特に難しくはないので、解説も短くなる。

スウェーデンボルグの描写した「地獄」に影響を受けて小説や劇作を書いた文学者は少なくない。一人だけあげるとすれば、彼と同国のストリンドベリ（J. August Strindberg, 1849-1912）がいる。現代ではあまり読まれなくなったが、ストリンドベリはかつて日本でも広く読まれ翻訳も多い。『令嬢ジュリー』『死の前に』『熱風』など舞台が上演された作品も多く、山本有三、武者小路実篤、芥川龍之介らへの顕著な影響が知られている。

ストリンドベリは精神を病んだ作家として、かつて画家のゴッホとスウェーデンボルグと共に、哲学者・医学者のカール・ヤスパースによって批評された（『ストリンドベリとファン・ゴッホ』村川仁訳、みすず書房）。ヤスパースはスウェーデンボルグも含めて三者は統合失調症だと診断している。筆者は、ストリンドベリとゴッホはいざ知らず、スウェーデンボルグが統合失調症だとする診断に賛同できない。カントの弟子を自認するヤスパース自身がよくスウェーデンボルグの書を読んでおらず、この批評書の第一版で「A・レーマンの無批判的な資料に頼りすぎたので（第二版では）多くの訂正をした」と言っているからである。フロイト流の精神分析学者にもスウェーデンボルグを精神病だと見なす者が少なからずいる。ユングは、スウェーデンボルグをそのように見ていないのみか、「偉大な科学者・神秘家」として賞賛さえしている。ともあれ、ここではこうした問題には深く立ち入らない。

ストリンドベリは四〇代後半に精神治療を受けたとき、スウェーデンボルグの著作に触れて、しだいに精神の安定を取り戻し、『ダマスカスへ』に始まる旺盛な劇作活動を再開した。筆者が以前に監修した『エマヌエル・スウェーデンボルグ――持続するヴィジョン』（春秋社、一九九二年）の中の「文学篇」に「ストリンドベリとスウェーデンボルグ」（G・ストッケンストレーム、渡辺千枝子訳）なる長文の論文を収録した。この論文には、ストリンドベリとスウェーデンボルグを結びつける『青書』という作品が取りあげられている。『青書』の献辞でストリンドベリは、「わが師であり、導き手でもある、エマヌエル・スウェーデンボルグへ、この書はその弟子からの献呈なり」と書いた。まさにストリンドベリにとって、その師は地獄の中を導いてくれるウェルギリウス（ダンテの『神曲』で、地獄の中でダンテを導いた古代ローマの詩人）だったのである。

同じく、スウェーデンボルグの描く「地獄」から影響を受けた文学者に、ウィリアム・ブレイクやドストエフスキーがいる。彼らの作品評も前述の「文学篇」に収録されているので、関心のある読者はぜひ読んでほしい。

前置きが長くなったが、本章は短くまとめてある。スウェーデンボルグの著名な研究者、H・

オドナーがさらに簡潔に要約した地獄の見事な描写をここに紹介しておく。

この下方の世界は、暑苦しいか、逆に極端に寒く、暗闇と恐怖で混乱した場所、怠慢と乱用によって滅亡してゆく世界に見えるであろう。住民はみすぼらしい洞穴《ほらあな》、ガタピシする掘っ立て小屋、半壊した都市に住み、そこは汚物にまみれ、有毒な密林と湿地に浸食され、腐った植物と獰猛な野獣にあふれ、昆虫に悩まされ、沼地と流砂、岩地と砂漠、荒れ狂った海と危険な渦巻き、洪水と火山の爆発が支配する地域である。土壌はたびたび汚染され、不毛で荒れはてており、そこの空気は嫌な臭いがして重苦しい。

（*The Spiritual World*, Academy Publication Committee, Pennsylvania, 1968, p.321-322）

どんな宗教を信じるにせよ、現代人の大半は地獄のリアリティーを信じない。それどころか死後の生そのものを信じない。誰かに「あなたは地獄を信じますか」と問うと、「ああ、信じるよ。でも地獄はあの世ではなくこの世にあるんだ」と答えるだろう。あるいはこう答えるかもしれない、「死後の世界はあるとしても、それはこの世よりもっとよい世界だと思う」と。

日本の平安時代の僧、源信作の『往生要集』に描かれた地獄絵。最近では子ども向けの地獄の絵本が売れている。母親たちは子どもが善人になってほしいと、これを読ませているのだという。スウェーデンボルグの同時代者、アメリカの神学者、ジョナサン・エドワーズ（Jonathan Edwards

1703-58）は、神の怒りと地獄での永劫の罰を声高に説教し、洗礼を受けなければ子どもも地獄に落ちると言い切った。これらは恐怖でもって悪を慎ませるやり方である。この点はどの宗教も五十歩百歩である。恐怖心をあおられると悪行を慎むのは事実であろう。

他人への蔑視・憎悪・嫉妬・敵意・復讐・詐欺・残虐……と地獄のおもての顔だけでも数限りない。しかしこれらは表面に現れた地獄の一部にすぎない。誰でも自分の心の深淵を一瞥《いちべつ》すれば、他人への冷淡・猜疑・無関心・自己欺瞞・自己嫌悪……等々の地獄の影がそこを覆っているのを認めざるを得ず、清廉潔白には程遠いみずからを嘆くであろう。

スウェーデンボルグはこの世とあの世での地獄のリアリティーを説いている。しかもあの世の地獄は恐ろしく、おぞましく、不快で、唾棄すべき世界のように見える。しかし彼は、いわゆる先天的な罪（キリスト教のいう原罪）や、生前に犯した罪の刑罰・天罰として地獄に行くのではなく、霊界で現実に犯す罪や悪の結果として地獄の罰を招くと言う。しかも自由意志で行う悪と罰は不可分一体だと言う。

或るスウェーデンボルグ信奉者がこう言うのを聞いたことがある。「地獄は悪人が自由に選んでゆくところだから、本人たちはそこが天界だと思うほど、苦しいところではなく心地よい喜ばしい世界なのだ」と。事はそれほど単純なものではないだろう。なぜならスウェーデンボルグは地獄の霊が時おり受ける苛烈な罰を随所で報告しているから。また「神は誰一人地獄に予定していない」と、前述のJ・エドワーズの依拠するカルヴァンの「予定説」を蛇蝎《だかつ》のように嫌悪しながらも、スウェーデンボルグは地獄の永遠性をすら示唆しているように見えるからである。スウェーデンボルグの言う地獄を認めるにしても、その永遠性の問題にはやはり議論の余地は残るであろう。

しかし一つだけ言えるのは、スウェーデンボルグは霊界に深くかつ長く参入するにしたがって、神の慈悲といった神学的理想や理念に反する地獄の実態を見せつけられたために、その永遠性や善への不可逆性を強く印象づけられたであろうということである。

「宇宙的人間」(Universal Human)とも最近は訳される、「人間の形態《ヒューマン・フォーム》」をとった有機的な天界全体は、健全で理想的な人体で表象される。一方、地獄全体もバラバラな集合体ではなく有機的な統一体である「人間の形態」をもつ。しかしそれは病んだ人体、歪んだ人体で表象されている。人類の病気もいつかは克服されるであろう。それは気の遠くなるような長いプロセスかもしれない――これは筆者の考えである。「人は天界のために生まれたのであり、神は何ぴとも地獄に予定していない」とスウェーデンボルグは明言する。

本章は最も短くまとめたが、じつはスウェーデンボルグが地獄にテーマを絞って叙述した箇所は、『天界と地獄』の「地獄」篇である。『天界と地獄』全体を見ると、「天界」篇六七%、「霊たちの世界」篇二二%に対して、「地獄」篇はわずか一一%にすぎない(概数)。

もちろん、このことはスウェーデンボルグが地獄を軽視したことを意味しない。おそらく彼自身、こんなおぞましい世界を長々と語るのを嫌ったためだと思う。また彼は、悪があるから善が引き立つといった、悪ないし地獄が徳の刺激剤であるかのような考えを拒否する。善は悪によって成り立つ相対化された存在ではなく、善そのものは悪がなくともそれ自体で輝く。天界が地獄なしで自立し、輝くのと同じである。

第六章　叡智の断片

本章ではいわば横断的に、スウェーデンボルグの霊的洞察ないし思想の一部を掘り下げる。神学・哲学・心理学などのテーマを編者が自由に厳選して配列した。彼自身が表題として要約した簡潔な文章もあるが、スウェーデンボルグの広大にして深遠な思想の一端を展望してほしい。彼の神秘思想の根幹をあえて「叡智の断片」として提示する。

1　森羅万象は自然それ自身からでなく愛と知恵から発生する

自然はそれ自体から存在すると主張する者たちは、どれほど感覚的に——つまり肉体的な感覚や、霊的な事柄についての盲目から——考えているかが明らかである。彼らは眼から考えて、理解力から考えることができない。眼から生れる思考は理解力を閉ざし、理解力から生れる思考は眼を開くのである。このような人びとは、存在《エッセ》と存在様式《エキシステレ》それ自体を、永遠で創造されえず、無限なものであるとまったく考えることができない。また生命を、何か無の中へ流れ去って消えゆくものとしか考えることができない。さらに彼らは、愛と知恵も自然のどんなものも、そうしたものとしかまったく考えることができない。自然の森羅万象は、視覚の対象にすぎない何らかの形からではなくて、連続と秩序における役立《ユース》ちから観察されない限り、愛と知恵に発していることを知ることはできない。なぜなら役立ちは生命のみから発生し、その連続と秩序は愛と知恵のみから発生するのに反して、形は役立ちを包みこむものにすぎないからである。それゆえ形だけが観察されるなら、自然の中に生命のどんなものも、ましてや愛と知恵のどんなものも、かくて神のどんなものも認めることはできないのである。

（『神の愛と知恵』四六）

2　生命の源泉とその受容体

人間、霊、または天使の何ぴとの生命も、生命自体たる主だけから流れ入っている。

（『天界の秘義』二八八八）

人間は主から生命を受容する器《うつわ》以外の何ものでもない。なぜなら人間は自分自身から生きていないからである。

（同、三三一八）

人間は生命を受容する器官であり、生命そのものではない。また生命は創造されえず、眼の中で光が見られないように、人間の中に存在しえない。

（『真のキリスト教』四六一）

自然の内にあるものは結果でしかなく、その原因は霊界の内にある。……自然界の内の個々のあらゆるものは神聖者より発出し、神聖者より発出しつづけている。

（『天界の秘義』五七一一）

3　人間はなぜ自分自身から生きているように思えるのか

人間は自分自身から生きているかのように本人には思われるが、しかしこれは錯誤である。……生命があたかも人間の内にあるかのように見える理由は、生命は主から人間の最深部に流れ込むが、その最深部は人間の思考の視野から、つまり知覚から隔たっているからである。また、生命そのものである第一原因と、生命の受容体である媒介的原因とが一つの原因として共に働くからである。この働きが、受容体である媒介的原因の内で感じられ、したがって人間の内で自分自身のものとして感じられるのである。こうした実情は、光が眼の内にあって視覚を、音が耳の内にあって聴覚を、空気中の揮発性微粒子が鼻腔内にあって嗅覚を……それぞれ引き起こすと感じるのに正確に似ている。しかし事実は、眼も耳も鼻孔も受容的に組織された実体つまり媒介的原因であり、この原因と第一原因とが共に一つの原因として働いているのである。働きかけるものが第一（原因）と呼ばれ、それ自身働きかけられるものが媒介的（原因）と呼ばれている。この主題をもっと深く吟味する者なら、次のように考えることができる。すなわち、人間に関係するどんなものも生命の器官であり、感覚や知覚を引き起こすものは外側から入って来ており、人間があたかも自分自身から感じ知覚しているかのように人間に思わせるのは生命そのものなのだ、と。

（『黙示録講解』一一二二）

どんなものも、それ自身によってではなく何か他のものによってしか、存在しないし存続もしないし、働きかけられも動かされもしない。それゆえどんなものも、最初のものから存在し存続し働きかけられ動かされるということになるが、その最初のものは他のものから存在するのではなく、自分自身の内に生ける力として存在する。これが生命である。

（同、一一四六）

4　愛は神の本質である

㈠神は愛そのもの知恵そのものであり、この二つが神の本質を構成する。
㈡神は善そのもの真理そのものである。なぜなら善は愛に属し真理は知恵に属するからである。
㈢愛そのものと知恵そのものは、生命そのもの、つまりそれ自体における生命である。

㈣神における愛と知恵は一を成している。

㈤自分自身の外側にいる他の者たちを愛し、彼らと一体となろうと欲し、彼らを幸福にさせることが愛の本質である。

㈥神の愛のこれらの本質的要素が宇宙の創造とその維持の原因であった。


(『真のキリスト教』三六)

5　神の全能、全知、遍在

㈠全能、全知、遍在は神の愛に発する神の知恵に属する。

㈡神の全能、全知、遍在は、秩序とは何かが知られない限り明確に理解することができない。神は秩序であり、神は宇宙と宇宙の個々のあらゆるものが創造されたときに、その中へ秩序を導入したのである。

㈢宇宙とその個々のあらゆるものにおける神の全能は、神の秩序の法則に一致して進行し活動する。

㈣神は全知である、つまり神は秩序に従って生起する個々のあらゆるものを、その極小のものすら認識し、見、知っている。このことからまた、神は秩序に反して生起するものもことごとく認識し、見、知っている。
㈤神はその秩序の最初のものから最後のものに至るまで万有の内に遍在する。
㈥人間は神的秩序の形に創造された。
㈦人間は神的秩序に従って生きるに応じて、神の全能から悪と虚偽を制圧する力をもち、神の全知から善と真理に関わる知恵をもち、神の遍在から神の内にいる。

（同、四九）

6　愛は人間の生命である

自分を愛さずに他者を愛し、愛によって他者に結びつけられることが、愛の本質である。愛の本質はまた、他者によって愛されることにある。なぜならこうして結合が生み出されるからである。すべての愛の本質は結合のうちにある。この結合がじつに愛の生命であって、それは楽しさ、喜び、心地よさ、祝福、幸福、満足と呼ばれている。愛は自分自身のものが他者のものになり、他者の喜びを自分自身の喜びと感じることにある。……しかし自分自身の喜びを他者の内に感じ、他者の喜びを自分自身の内に感じないのは愛することではない。

（『神の愛と知恵』四七）

愛は人間の生命そのものである。肉体全体の全般的な生命と全思考の全般的な生命であるだけではなく、これらの細部すべての生命でもある。愛に発する情愛を取り除いたら、あなたは何かを考え何かを行うことができるだろうか。愛に発する情愛が冷たくなるにつれて思考と言葉と行動も冷たくならないだろうか。この情愛が温かくなるにつれてこれらも温かくならないだろうか。……人間の生命が愛であることが知られないなら、人間の生命は五感をもって認知し行動することに他ならないと信じたり、それはもっぱら思考することだと信じたりするだろう。しかし思考は生命の最初の結果であり、知覚と行動は生命の第二の結果なのである。……人間の生命としての愛について、この世の太陽の熱からいくらかの観念をもつことができよう。太陽の熱は地上のあらゆる植物のいわば共通の生命であることはよく知られている。春になると発してくる太陽の熱によって、あらゆる種類の植物が大地から発芽し、それ自身を葉でおおい、次に花で、最後には果実で飾り、こうして或る意味で生きるのである。しかし秋と冬になって熱が後退すると、植物は生命のこうしたしるしを剥がれて枯れてしまう。人間の内にある愛もこのようなものである。なぜなら熱と愛はたがいに照応しているから。それゆえ愛はまた温かい。（同、一〜三）

愛の本質は意志することであり、その現れは行うことである。なぜなら人間は愛するものを意志し、愛から意志するものを行うからである。（『天界の秘義』七九七）

愛が対立するとき認識のすべてのものが対立する。というのは人間の生命そのものをつくる愛から、流れがその源から流れ出るように、他のすべてのものが流れ出て、その源から流れ出ないものと、流れ出るものとは自然的な心の中で分離するからである。

（『神の愛と知恵』二七六）

真理や聖言をたんに信じることは信仰ではない。信仰とは真理を天界的な愛から愛し、真理を内的な情愛から意志し行うことである。

（『天界と地獄』四八二）

信仰は愛の眼であり……愛は信仰の生命である。

（『天界の秘義』三八六三）

信仰とは内なる情愛であり、その情愛は真実で善いものを知ってこれを心から意志し、しかもこれを教理のためではなく生命のために意志することから成り立つ。

（同、八〇三四）

愛なき信仰は死んでおり、愛をともなう信仰は生きている。

（同、九〇五〇）

7　意志と理解力は人間の生命を構成する二つの能力である

人間はその生命を構成する二つの能力をもっている。一つは意志、もう一つは理解力と呼ばれる。これらは互いに区別されているが、一つとなるように創造され、一つになるときは心と呼ばれる。……神的秩序に従っている宇宙の森羅万象は、善と真理に関連をもち、そのため人間の内のあらゆるものは意志と理解力に関連をもっている。人間の内の善は意志に関わり真理は理解力に関わる。なぜならこれらの二つの生命的な能力は、善と真理の受容体であり主体だからである。……これらの能力の中にのみ、人間の内の諸善と諸真理は存在する。またここにのみ愛と信仰が存在する。なぜなら愛は善に、善は愛に属し、一方、信仰は真理に、真理は信仰に属するからである。……善は物の存在《エッセ》そのものであり、真理は存在の顕現《エキシステレ》である。同様に人間の内の意志は人間の生命の存在そのものであり、理解力はそこから生れたその顕現である。なぜなら善は意志に属し、理解力の内に形をとって、それ自身を見えるように現すからである。

（『真のキリスト教』三九八）

意志はすべて愛に属し、善に関連している。知ること、認めること、考えることはすべて理解力に属し、真理に関連している。

（『神の摂理』一一）

人間を感動させるものはその意志に属し、人間が思考するものはその理解力に属している。人間の思考のすべてが理解力に属することは知られているが……人間の情愛のすべてが意志に属することはあまり知られていない。その理由は、人間は考えているとき情愛にはまったく注意を払わず考えていることにだけ注意を払うからである。それはちょうど、誰かが話しているのを聞くとき、声の音調《トーン》にはまったく注意しないで、言葉づかいにだけ注意するようなものである。しかし声調が言葉に関係するように情愛は思考に関係するのである。したがって話している人の情愛は声調によって知られ、思考は言葉づかいによって知られる。すべて情愛は愛に属し意志は愛の受容体であるので、情愛は意志に属する。……情愛が意志に属することを知らない人は、情愛と理解力を混同する。なぜならその人は、情愛は思考と一つのものだと強調するけれども、情愛と思考は一つではなくて一つのものとして働いているだけだからである。これらが混同されるのは、ありふれた表現である――「私はこうしよう」の意味で使う――「私はこうしようと思う」から明白である。しかしこれらが二つのものであることもまた、「私はこの事柄について考えてみたい」という表現から明白である。この場合、この事柄について考えるとき、意志の情愛は理解力の思考の中に現れている。それは話す言葉の中に語調が現れているのと同じである。

(『神の愛と知恵』三七二)

人間の理解力は善と悪の両方の、あるいは真理と虚偽の両方の受容体であるが、人間の意志はそうではない。人間の意志は悪か善のどちらかに居なくてはならず、両方の内に居ることはできない。というのは意志は人間自身であり、その内に人間の生命の愛が宿るからである。しかし善と悪は、理解力の中で内なるものと外なるもののように分離している。したがって人間は内側では悪の中に、外側では善の中に居ることができるのである。それでも人間が改良されつつあるときは、この二つが出合い、衝突と闘争が生じる。これが熾烈であれば試練と呼ばれ、熾烈でなければワインやアルコール飲料のような発酵に似ている。もしそのさい善が勝てば悪はその虚偽もろとも、澱《おり》が器の底に沈むように、脇へ移される。善は発酵してこくのあるワインのようなものに、また澄んだアルコール飲料のようなものになる。しかし悪が勝つなら、善はその真理と一緒に脇へ運ばれ、発酵し切っていないワインやアルコール飲料のように濁り不快な臭いを放つ。

（『神の摂理』二八四）

人がただ考えるにすぎないことは、当人のものとならない。人が為そうと思っていることであっても、機会が与えられたとき為そうと意志しない限り、当人のものとはならない。なぜなら人が何かを実行するときは、意志から理解力によって、あるいは意志の情愛から理解力の思考によって実行するからである。もし行為が何か思考の主題になるだけなら、それは人のものとはなりえない。というのは理解力はそれ自身を意志に、あるいは理解力の思考はそれ自身を意志の情愛に結びつけるのではなく、意志が理解力をそれ自身に結びつけるからである。……人が許されていると信じる悪は、当人がそれを実行しなくとも、自分のものとなる。なぜならそれは許されるという考えは意志に由来し、意志の同意が実際にあるからである。悪を許されるものと思うとき人はそれに対する内なる拘束を解き、恐怖という外なる拘束によってのみ悪を為すのを慎むのである。

（同、八〇～八一）

8　宇宙の創造目的と神の摂理

創造の目標は人類から成る天界である。

㈠誰もが永遠に生きるように創造されている。

㈡誰もが永遠に幸福な状態で生きるように創造されている。

㈢したがって万人は天界に入るように創造されている。

㈣神聖な愛はこれを意志せざるをえず、神聖な知恵はこれに備えざるをえない。

（同、三二三）

9　何ぴとも地獄に行くように定められていない

㈠天界以外のところへ予定されることは神聖な愛とその無限性に反する。

㈡天界以外への予定は神聖な知恵とその無限性に反する。

㈢（キリスト）教会に生れた者だけが救われるということは狂った異端である。
㈣人類の誰かが予定によって地獄に落ちるということは残酷な異端である。

（同、三二九）

10　神の摂理の働きについて

神の摂理は人間に関わる個々のどんなことの内にも、最も子細なことの内にさえも、人間の永遠の救いのために働いている。人間の救いは天地創造の目的である。なぜなら創造の目的は、人類から成る天界が形成されて、その天界の中に神が御自身の住まいに住むように住むことだったからである。それゆえ人間の救いは、神の摂理のすべてのすべてである。しかし神の摂理は、人間がその痕跡すらわからないほど秘密裏に進行している。それでもその摂理は、この世での人間の幼年から老年に至るまで、そしてその後は永久に、人間に関わる最も子細な個々のことにおいても働いている。そしてどんな最小の事柄においても顧慮されているのは永遠性である。

（『黙示録講解』一一三五）

人間は、善と真理がどのように主から流入によって来るかを、またどのように悪と虚偽が地獄から流入によって来るかを、自分自身が感じたり知覚したりすることをとおして知ってはならない。また神の摂理がどのように悪に対して善に有利に働くかも知ってはならない。なぜならそうした場合、人間は理性に従って自由に自分自身で為すように行為しないだろうからである。人間にとってはこれらのことを聖言と教会の教理から知り承認すれば十分である。このことは「ヨハネによる福音書」の主のことばで意味されている。

風は思いのままに吹く。あなたはその音を聞くが、それがどこから来て、どこへ行くかは知らない。霊から生れる者もみな、それと同じである。（三章八節）

……人間が神の摂理の働きを自分自身の内に認めない理由は、そうした認知は自由を取り去り、ひいては自分で考える思考力を取り去ったあげく、生命のあらゆる享受さえも取り去るからである。その結果人間は、結合の手段となるどんな働き返す力ももたなくなり、ロボットのようになり、また奴隷となって自由な人間ではなくなるだろう。

神の摂理は、人間の永遠の状態に配慮する、人間の思考と意志の最も子細な事柄の中で働くとはいえ、どんなその片鱗も現れないほどひそかに進行する理由は、主がその愛を人間に刻印し、それを手段としてその知恵を刻印して、人間を主の像に創り出すことを絶えず望んでいるからである。

それゆえ、主は人間の愛へ働きかけ、その愛から人間の理解力へ働きかけるが、理解力から愛へは働きかけない。愛は、多様で無数の情愛であるその情愛と一緒に、人間によって、きわめて全般的な感情としてしか認められない。したがって愛は、それがほとんど何ものでもないといったほどにも、ほんのわずかしか認められないのである。にもかかわらず人間が改良され救われるためには、その愛の一つの情愛から別な情愛へと、それらが秩序に基づき関連している結合に従って導かれなければならない。このようなことは人間はおろか天使にも把握不能である。……以上の考察から、人間がこうしたどんなことをも、感情や認識から知ることはまったく無益であり、それどころか有害であって、人間を永久に破壊するであろう。人間にとっては、諸真理に精通することによって善悪の性質をよく知り、主とあらゆることにおける主の統治を承認すれば十分である。……主が人間を導く方法は、人間の血液が流れ循環する血管に比較されうるであろう。また内臓の内部と外部の繊維と襞《ひだ》に、特に生気が流れ生命を与える脳内の繊維と襞に比較されうるであろう。人間はこれらすべてのものがどのように流入によって入って自分を通って流れていくかに気づかなくとも、自分の幸福に資するものを知って行いさえすれば人間は生きるのである。しかし主が人間を導く方法、つまり主が人間を地獄の諸社会をとおしてそこから導き出す方法と、人間を天界の諸社会をとおしてその内部へと導く方法はともに、はるかに複雑で入り組んでいるのである。

（同、一一五三）

偶然のようなものは存在しない。不運や好運といったものは、あらゆるものが比較的移ろいやすい、秩序の最外部における摂理である。

（『天界の秘義』六四九三）

神の摂理は人間の思いと行動の最も個別的なものの中に存在している。

（『神の摂理』二一二）

神の摂理は普遍的である、つまり最も子細なことの細部にまで及んでいる。摂理の流れの内にいる者はみな、手段がどう見えようと、幸福に向かって絶えず運ばれている。

（『天界の秘義』八四七八）

名誉と富は祝福でもあり呪いでもある。祝福であるとき、それは霊的で永久的であるが、呪いであるとき、それは一時的ではかない。呪いである名誉と富は祝福である名誉と富に比較されると……無のようなものである。

（『神の摂理』二一六）

物質的で肉体的な原因により起こる、不幸、悲嘆、不安、また肉体の不健康や病気は、人間の快楽や欲望の生命を或る程度まで、抑制し阻止する。そして本人の思いを内的で宗教的な主題へと向かわせて高揚・鼓舞させるであろう。

（『天界の秘義』七六二一）

11　強制された宗教は人を救わない

人は宗教に関わるものを、外なる手段によって、考え意志するように、つまり信じ愛するように強制されてはならない。かえって自分自身を喚起し、時には自分自身を強制して考え意志しなくてはならない——これが神の摂理の法則である。

(一)奇跡や験《しるし》は強制するため、誰もこれによって改良されない。
(二)幻や死者との交信は強制するため、誰もこれによって改良されない。
(三)威嚇や処罰は強制するため、誰もこれによって改良されない。
(四)何ぴとも合理性ないし自由のない状態においては改良されない。
(五)自己強制は合理性にも自由にも反しない。
(六)外なる人間は内なる人間をとおして改良されるべきで、その反対が行われてはならない。

（『神の摂理』一二九〜一三〇）

12　悪の根深さについて

人は悪を罪として避け、自分自身によるものとして悪に抵抗しなければならない。悪は罪だという理由以外で悪を避けても、人は真に悪を避けるのではなく、ただ悪が世間に現れるのを防いでいるにすぎない。

（『真のキリスト教』三三〇）

人びとが宗教的な原則から、悪は罪であり神に反しているという理由で悪を避けないなら、悪の欲望はその歓喜とともに、せきとめられ澱んだ汚水のように依然残されたままである。

（『神の摂理』一一七）

悪は、それがおもてに現れ、見られ、承認されない限り、誰からも除去されえない。それは切開されて初めて癒える傷のようなものである。

（同、一八三）

13　地位の高低や富の多寡そのものは幸福と無関係である

地位が高いとか低いとか、富が多いとか少ないとか、それが何であろうか。こんなことは本質的に空想の産物でないのか。地位の高低や富の多寡で他人よりも恵まれ幸福なのか。偉い人の高位も、国王や皇帝の身分さえも、一年もすればありふれたものと見なされ、もはや本人の心を喜びで高揚させることもないし、無価値なものとなってしまわないだろうか。こうした人びとは、農夫やその雇い人のように低い地位や最も低い地位にある人びとよりも大きな幸福をその高位によって得ているのか。農夫や雇い人は、暮らしが万事うまくいって、その運命に満足しているとき、もっと多くの幸福を享受しているのではないのか。自己愛を宿す人ほど、心が苛立ち、しばしば立腹し激怒したりするのではないだろうか。そういうことは、心の高慢さにふさわしい尊敬を受けなかったり、何かが思いどおりにゆかなかった場合に生じるのである。そうであれば地位とは、職務や役立ちに結びつかないなら、たんなる観念以外の何であろうか。

（同、二五〇）

14　摂理と戦争

戦争は神の摂理から起こるのではない。なぜなら戦争は殺害、略奪、暴力、残虐、また……他の恐るべき諸悪を引き起こすからである。それでも依然戦争は許されざるをえない。なぜなら……太古の人びとの時代より、人類の生命の愛は、万人を支配するまで他者を支配し、またすべてを所有するまで富を所有しようと欲するほどになったからである。この支配と所有の愛は拘束されることができない。というのも、誰でも理性に一致して自由に行動することが許されるのは、神の摂理に従っているからである。またこのような許しがなければ、人間は主によって悪から連れ出されず、したがって改良され救われないからである。悪が爆発することが許されない限り、人間は悪を見ず、それゆえ悪を承認せず、こうして悪に抵抗するように導かれることはできないからである。このことから、悪は摂理のどんな働きによっても抑制されえないということになる。もし悪が抑制されるなら、悪は閉じ込められたままで、癌や壊疽《えそ》のように広がり、人間の内の生命的なものを消滅させるであろう。……これが大小の戦争が起こる理由である。

（同、二五一）

15　なぜ未来を明らかに知ることはできないのか

未来の出来事の予知は、各人の理性に応じて自由に行動する人間性そのものを取り去るため、未来を知ることは誰にも許されていない。しかし未来について理性によって結論を下すことは誰にも許されている。理性はそのときそれ自身の生命の十全な状態にあるからである。したがって人間は、死後の運命がどうなるかも、死ぬまでに起こる出来事も知らない。もし知るなら、死を迎えるために何を行いどう生きるべきかを、自分の内なる自我からもはや考えなくなり、死がやってくることをただ外なる自我から考えるだけであろう。こうした状態は、自由と合理性という生命の二つの能力が特別に宿る内なる心を閉じ込めてしまう。未来を知りたいという願望は大半の人びとが生まれつきもっている。しかしその起源は悪しき愛にある。それゆえそうした愛は、神の摂理を信じる人びとから取り去られ、彼らは主が自分たちの運命を定められるという信頼を与えられる。それゆえ彼らは神の摂理に何らかの干渉をしないように、その運命を前もって知ろうと望まない。……もし人間が神の摂理を明らかに見るならば、その進行の秩序と流れに干渉し、それを転倒し破壊してしまう。

（同、一七九、一八〇）

16　小宇宙としての人間

内なる人間は天界の像《イメージ》に従って、外なる人間は世界の像に従って、形成されている。なぜなら内なる人間は最小の形態をとった天界であり、外なる人間は最小の形態をとった世界つまり小宇宙だからである

（『天界の秘義』六〇五七）

人間は、全複合体における宇宙である大宇宙を表象するという事実から、古代人たちによって小宇宙と呼ばれた。古代人たちは人間をミクロコスモスつまり小さな宇宙と呼んだが、このことは太古の人びとがもっていた照応の知識と、天界の天使たちとの交流とに由来する。

（『神の愛と知恵』三一九）

人間の心の高次の、または霊的な領域は、また小規模な一つの天界であり、低次のまたは自然的な領域は、小規模な一つの世界である。これは人間が古代人たちによってミクロコスモスつまり小世界と呼ばれた理由である。人間はまたミクロ・ウーラノスつまり小天界と呼ばれたであろう。

（『真のキリスト教』六〇四）

創造されたものはすべて、その起源により、連続によってではなく近接によって、神の受容体となるような性質をもっている。連続によってではなく近接によって結合の能力が生れている。なぜならそれは神から神の中に創造されているので、結合に適応しているからである。このように創造されているので、それは似たものとなり、こうした結合をとおして鏡に映った神の映像のようなものになっている。

（『神の愛と知恵』五六）

17　照応とは何か

照応とは何か、また流入とは何かを実例によって説明しよう。表情と呼ばれる顔面の変化は心の情愛に照応している。したがって心の情愛がその状態に関して変化するのとまったく同じように、顔面はその表情に関して変化する。顔面のこれらの変化は照応であり、したがって顔面そのものが照応である。そして照応が明示されるために顔面に働きかける心の活動が流入と呼ばれるのである。理解力と呼ばれる人間の思考の視覚は人間の眼の視覚に照応し、したがって理解力から発現する思考の性質は、光と光彩によって明らかにされる。眼の視覚は照応であり、したがって眼そのものも照応である。照応が明示される眼へ働きかける理解力の活動が流入である。理解力に属する活動的な思考は、口に属する言葉に照応する。言葉は照応であり、同様に口と口に属するあらゆるものも照応である。言葉と言葉の器官へ働きかける思考の活動が流入である。心の感知力は鼻孔の嗅覚に照応する。嗅覚と鼻孔は照応であり、その活動は流入である。このために内的な感知力をもつ人は鋭い鼻をもつと言われるし、物事を感知することはそれを嗅ぎ出すと言われるのである。服従を意味する耳を傾けることは、耳の聴覚に照応する。したがって聴覚と耳の両方とも照応である。人が耳をそば立てて注意するために、聴覚へ働きかける傾聴の活動が流入である。それゆえ傾聴と聴覚はともに表意的なものであり、誰かに傾聴し耳を貸すことは服従を意味し、誰かに傾聴し聞くことは耳で聴くことを意味する。身体の活動は意志に照応し、心臓の活動は愛の生命に、呼吸と呼ばれる肺の活動は信仰の生命に照応する。そして肢体、内臓、器官に関わる全身は、その生命のあらゆる機能と力に関わる霊魂と照応する。

（『黙示録講解』一〇八〇）

第六章　解説

本章は、第五章までで一応完結した本篇の補遺である。と同時にスウェーデンボルグの思想のさらなる深みへの展望をひらく試みである。永生の扉が開かれると、現世に連続する未来への展望だけでなく、人間の生命とは何か、自然や宇宙はこれとどう関わっているのか、人間を超えた存在者は有るのかといった、いわば哲学的な問題への関心がつよまっていく。本章では、そうした読者のためにスウェーデンボルグの深遠な思想の一端を紹介する。

スウェーデンボルグの宗教著作の中で最も哲学的な著作として『神の愛と知恵』と『神の摂理』をあげることができる。前者は宇宙と人間の創造を、後者は創造された宇宙における人間に働く神的摂理を詳説した著作である。

両著作は鈴木大拙が四〇歳頃に邦訳した。前述したが、大拙は大乗仏教の根本を仏の大悲と大智とし、これをスウェーデンボルグの神の愛と知恵と解した。したがって神と言っても仏と言っても、言葉にとらわれる必要はなく、それらは有限な人間を無限の慈悲ないし愛で生み出し維持し導く無限の存在者と見なせばよいと思う。スウェーデンボルグ自身、普遍宗教の創唱者なのであって、宗教・教派を初めから超越していたのである。

まず、神による宇宙と人間の創造について筆者なりに以下にまとめてみよう。

哲学者カントは『純粋理性批判』の中で「理神論者は神を信じ、有神論者は生ける神を信じる」と述べた。啓蒙時代の科学者には理神論者が多かった。理神論とは神は世界を創ったが、いったん創られると、世界はそれ自体に内在する法則によって活動し、神は世界に干渉せず世界から超越している、という神観である。理神論者の神は、有神論者の信じるような、人間の祈りに応答する人格神ではない。カントは人格神を「意志と悟性をもつ根源的存在者」と定義している。

スウェーデンボルグの後半生にあたる神学的時期の神観は、科学的時期にいだかれた神の信仰への疑念の雲が吹き払われて一新している。彼の信じた神は、理神論の時代にあってひときわ異彩を放つ、生ける「神人God Man」である。内面の信仰の葛藤や霊的な体験を重ねて今や神学者へ転身した彼は、確信をもってこう述べる。すなわち、神の存在は理性の推論だけでは確実に把握できない。むしろそれは啓示された事実である。時代を超え、あらゆる民族や個人に、唯一の神が存在するという啓示がなされているという。『真のキリスト教』の冒頭には「神が存在し、神は唯一だとの真理を伝える、人間の霊魂へ注ぐ普遍的流入が存在する」とあり、この照応による流入は、私たちが空気を吸いこむのと同様に不断に霊魂に注がれているという。

この神とは生けるひとりの「神人」である。聖書は、神は自分のかたちに似せて人間を創ったと語る。スウェーデンボルグは、この創造神話の深層の意味を汲みとって、神が無限の神的人間だからこそ、この無限の人間の原型（神人）に範をとる有限な人間を創造したのだと説く。

むろん、神が人間だとは言っても、有限な人間の諸性質から無限の人間たる神を推し測るのは危険である。なぜならこれは神の擬人化だからである。それでは神はカントのいう「意志と悟性をもつ」人格神なのだろうか。たしかにそのような側面が神人にはあるが、スウェーデンボルグによれば、神は「愛」と「知恵」そのもの、つまり無限の愛と知恵であるがゆえに、人間の無限の原型たる神人なのである。

この神人に対して、私たち人間は無限の愛と知恵の有限な「受容体」ないし、「器《うつわ》」である。神の愛と知恵はまた「生命」とも呼ばれ、神は生命そのもの、無限の生命である。人間の生命は受容された有限な愛と知恵である。その意味では、人間には本来、生命はまったくなく、人間が霊界や自然界において心身ともに生きているのは（あるいは、生きている実感をもつのは）、神人から不断に注がれる生命を受容しているからにすぎない。

こうして神は、唯一の生ける神人であり、その本質は愛と知恵である。さらに言えば、神はエッセ（存在）とエキシステレ（存在から発現したかたち）であり、全知・全能・遍在である。神は無限である。すなわち空間に関しては無辺際であり、時間に関しては永遠である。神は時空を超えて、しかも時空のうちに存在する。この神人たる神は、モーセに「有りて有るもの」（ヤハウェ）として、ムハンマドにはアラーとして顕現しただけではなく、あらゆる健全な民族や個人に、時代や宗教を超えて「普遍的流入」として自らを啓示しつづける根源的存在者である。

次に、神と宇宙、つまり神と、人間を含む被造世界との関係を哲学的に一望しよう。伝統的なキリスト教は、神による宇宙の「無からの創造Creatio ex nihilo」を説く。スウェーデンボルグの創造論はこの説に対立する。新プラトン派のプロティノスの「流出Emanatio」説に近いが、同じではない。スウェーデンボルグは、神は無限の愛であるから、いわば愛の必然性によって、宇宙の万物は無からではなく、神から神の内に創造され存続している、と言う。

愛の必然性は三つに分けて考えられる。まず第一に、それは自分の外にいる他者を愛することである。もしそうでなければ、その愛は自分自身を愛する自己愛であろう。第二に、他者と一つになることを欲し、第三に、他者を幸福にしようと願うことである。ところで愛とは、私たちが人格性としてよく知っている、自己意識的・自己表象的・自己実現的な活動ととらえることができる。愛の自己表象的機能は知恵である。神的な知恵は、愛の無限の意識そのものであり、この知恵の中に愛は自己実現へと向かう自分自身を見るのである。したがって宇宙とは、知恵として自己表象・自己実現という活動をしている無限の愛そのものなのだ。この無限の愛は必然的に、みずからの外にいる他者、つまり宇宙と人間を愛する。そして他者と一体となって、その幸福を望むのである。このことが、スウェーデンボルグが「宇宙と人間は神の愛によって神の知恵をとおして神の内部に創造された」と語る意味である。

自然界または現世での意識をもったまま霊界へ自由に参入できるようになって以来、スウェーデンボルグは科学的時期とは別な視座から宇宙をとらえ、自然的・物理的宇宙を超えた、いわばインナー・スペース（内的宇宙）という領域の実在を確信し実感するようになった。インナー・スペースは不連続的な階層として照応によって相互に関連しあう三層から成り立つ。中心部には神的存在と神的生命があり、周辺部には、神的な中心部と照応によってつながる、より低次な存在たる霊的宇宙（霊界）がある。さらにこの霊的宇宙の周囲には、すなわちインナー・スペースの最外部の層には、霊的宇宙に照応している自然的宇宙（自然界）がある。

この三層構造を成す内なる宇宙は、無限の愛の自己表象的活動によって秩序をもって統合されている。この宇宙を生気づけるのは中心の無限の愛である。この愛は仏教で言えば仏の無限の大悲である。それゆえスウェーデンボルグの説く自然とは、デカルト以来、精神（＝霊魂）から分断された物体や機械ではなく、それ自体が神的なものの表象であり、霊的なものをとおして生み出され維持される神々《こうごう》しい生ける存在なのである。

『神の摂理』は、このように創造され不断に維持されている、特に人間に働く神の活動を明らかにした著作である。この著作も大部なもので、人間の側からの神の愛に対する不信や不満に答える形で記されている。テーマは多く、とても簡単に総括することは困難なので、この書の内容と二、三のテーマについて書く。

神が愛であると言うなら、なぜ悪や不幸に満ちた世界を創ったのか。悪人が栄え正直者が馬鹿をみるのはなぜなのか。これはいつの時代でも問われる神への不信である。これには人間がロボットでなく、自由意志で選択・決断しなければならない存在であることが深く関わっている。神的摂理は人間の自由意志を容認しつつ、人間の永遠の幸福を目的にして働くと言う根本原則を踏まえ、この著作は摂理に関するあらゆる子細な問題にも答えている。私たちは、現世利益や一時的な病の癒やしを求めるのではなく、人格の陶冶のような、永遠の幸福に寄与するものを求めなければならない。善人は時として、名誉や富が悪人にも与えられることに不満をいだくが、名誉や富は心のもち方次第で祝福にも呪いにもなることを知る必要がある。それを公共の幸福に役立てれば祝福となるし、エゴが刺激されれば束縛となり呪いになる。スウェーデンボルグはまたこの著作で、カルヴァンの唱えた予定説、すなわち救いに予定された人間と地獄に予定された人間がいるという教説を、狂信的で残酷な異端として斥ける。さらに、悪人が救われるために許されている悪もあり、悪がどのようにして善へと撓《たわ》められるかについても論じている。

この著作を「神慮論」という表題を付けて邦訳した鈴木大拙は、次のように自著の『スヱデンボルグ』の中で述べている。

神慮（ディヴァイン・プロヴィデンス）はすべての上に行き渉《わた》りて細大洩《も》らすことなきこと、世の中には偶然の事物と云ふもの是《こ》れあることなく、筆の一運《ひとはこ》びにも深く神慮の籠れるありて、此処《ここ》に神智と神愛との発現を認め得《う》ること、此《かく》の如《ごと》きは何《いず》れも、宗教学者、殊《こと》に仏教徒の一方《ひとかた》ならぬ興味を惹《ひ》き起《おこ》すべきところならん。

（緒言、丙午出版社）

本章14と15について少し触れたい。スウェーデンボルグはいわゆる霊能者で予言者だと思われがちである。筆者の偏見かもしれないが、まず「霊能者」という言葉の響きに違和感がある。彼が霊界に入れられたことは事実であるが、だからと言って心霊術士のように自ら霊媒をかってでたり、霊能力を発揮して奇蹟的なことをやってのけたわけではない。むしろ彼は、そうした能力を世間に慎重に秘匿したのである。この点について、ドイツの神学者・教会史家でエラノス会議のメンバーでもあったE・ベンツは五〇〇ページに及ぶ評伝の中でこう述べている。

スウェーデンボルグはカリスマ的なタイプに属する真正の幻視者だった。彼の啓示がヴィジョンに根差すという理由で、これを妄想として拒絶したいなら、私たちはまた「ヨハネ黙示録」の著者も含めたすべてのキリスト教の幻視者たちのヴィジョンも、同じように妄想として拒絶せねばならないだろう。スウェーデンボルグにおける幻視的なカリスマ性の出現は、真正の預言者的召命体験に結びついている。彼は決して心霊術士などではないのである。

（*Emanuel Swedenborg*, p.535）

スウェーデンボルグの素描

英訳者が記述どおりに上図を補正した図

図2　描かれた霊界——『霊界日記』（5291）より

スウェーデンボルグは一七五七年（六九歳）に、霊界で約一年にわたって「最後の審判」を目撃したとして、その詳細を後年数冊の著書で叙述している。そのさいの霊界での大激変を、彼は私的な日記（『霊界日記』）に図解まで添えて書き留めている（図2）。

彼自身の驚愕や動揺が凄まじかったにもかかわらず、その光景を冷静に描き、誰にも分かるような文書にまとめたのである。本書ではこうした神学の領域には深入りしないが、彼が「予言者」「心霊家」「霊能者」でないことを示す実例として選択したのが14と15である。なお予言者と預言者はちがうことを付言する。前者は未来の出来事を予め（あらかじめ）予想する者、後者は神のことばを預る（あずかる）者である。スウェーデンボルグはノストラダムスのような予言者ではなく、イザヤやエレミアのような古代ユダヤの預言者に属している。

スウェーデンボルグは「最後の審判」と自身が見なした霊界のカタストロフィーを克明に記述

したあと、以下のように審判後の未来を予測している。この小著作が出版されてから今は二五〇年以上も経過していることに注意したい。

今後の世界の状態は、これまでの状態とまったく同じだろう。なぜなら、霊界で起こった大激変も自然界の外なる形にはどんな変化も引き起こさないからである。それゆえ、今後も以前のように民事があり、以前のように平和、条約、戦争があり、全般的にも個別的にも、社会的なほかのあらゆることがあるだろう。主はこう言われた、「最後の時代には戦争が起こり、民族は民族に、国は国に敵対して立ち上がるだろう。そして方々に飢饉、疫病、地震が起こるだろう」（「マタイによる福音書」二四章六、七節――ここはスウェーデンボルグが要約して引用したもの）と。これは、こうしたことが自然界に起こるだろうということを意味するのではない。こうしたことに照応することが霊界に起こるだろうということを意味する。なぜなら聖言では、地上の国・地上の民族・戦争・飢饉・疫病・地震などを扱わず、これらに照応する霊界の事柄を扱うからである。

……しかし教会の状態については、この状態こそ、今後、相違するものである。確かにそれは、外見では以前の状態と似ているが、内部では異なるであろう。外見では、これまでのように諸派に分かれた教会があり、その教理も従来どおりに教えられ、また現在と同じような諸宗教が異邦人のもとにあるだろう。しかし今後は、霊的な自由が回復されるため、教会の人間は信仰に関わる事柄について、ひいては天界に関わる霊的な事柄について、もっと自由に考える状態に置かれるだろう。なぜなら、天界と地獄のあらゆるものは今や秩序に復し……天界からは、神的なものに調和する考えのすべてが、地獄からは、神的なものに反する考えのすべてが流れ入るからである。

（『最後の審判とバビロンの滅亡』七三）

未来のことを盛んに知りたがり、予言や占いに熱中したり、また地震や「最後の審判」が来るぞと言う教祖の予言に振り回されたり、現代は霊的な事柄にあまりにも無知な時代である。そんな時代だからこそ、スウェーデンボルグの淡々とした冷静な語り口から学ぶべきことは多い。本書をあえて「叡智の断片」として総括したゆえんである。

第二部　スウェーデンボルグの生涯と思想

第一部ではスウェーデンボルグの宗教思想、その中でも特に「永生」についての彼自身のことばを主題別に紹介し、簡潔な解説も付した。

第二部では生涯と思想の全体像を見てゆきたい。「まえがき」で述べたように、思想は思想家自身の生き方と表裏一体である。スウェーデンボルグの場合、その宗教思想は科学思想と密接に結びつき、宗教思想は科学思想と断続しているのではなく発展的に連続しているために、その全体像の理解には科学思想の理解が不可欠である。

スウェーデンボルグの生涯・思想は三つの時期に大別できる。㈠科学的時期、㈡科学者から神秘思想家への転身の時期、㈢宗教的（神学的）時期である。修業時代や晩年も含めて彼の人生の流れにそって順をふまえ彼の思想の変遷を第二部では四章に分けて考察する。巻末の「略年譜」も参考にされたい。

第一章　生誕と修業時代

スウェーデンボルグは一六八八年一月二九日にスウェーデンの首都ストックホルムで生れた。父方母方の祖父母は中部スウェーデンの有名なファールンの銅鉱山ちかくの町の出身であり、彼らはファールンの鉱山を所有し経営していた会社の株主であった。その会社ストラ・コッパルベリ（一三四七年創立）は世界最古の株式会社の一つである。一三世紀に発見されたファールンの鉱山は最上の銅の産地であり、スウェーデンに莫大な富をもたらした。その銅山のあった地域一帯は二〇〇一年に世界文化遺産に登録されている。

スウェーデンボルグ（原音に近い発音はスヴェーデンボリ）はスウェーデンの国名にちなむ名ではない。スウェーデンボルグの祖父ダニエル・イサクソンは、彼の家屋敷と農場がスヴェーデン（Sveden）と呼ばれていた地にあったため、その土地にちなんで息子イェスペル（Jesper）の姓を自由にスヴェドベリ（Svedberg）と決めたことに由来する。スウェーデンボルグはそれゆえ、元来の姓名はエマヌエル・スヴェドベリであった。エマヌエルが三一歳のとき、彼の家族が貴族に叙せられたので、その姓はまた改姓されてスウェーデンボルグとなった。

スウェーデンボルグは原語で書けばSvedbergからSwedenborgと変わったわけだが、enは定冠詞で、berg（丘の意味）がborg（城）とも変わって荘重な趣きをもつ姓となったのである。エマヌエル

図３　スウェーデンボルグの父イェスペル・スウェードベリと母サラ・ベール

図４　ファールンの銅鉱山

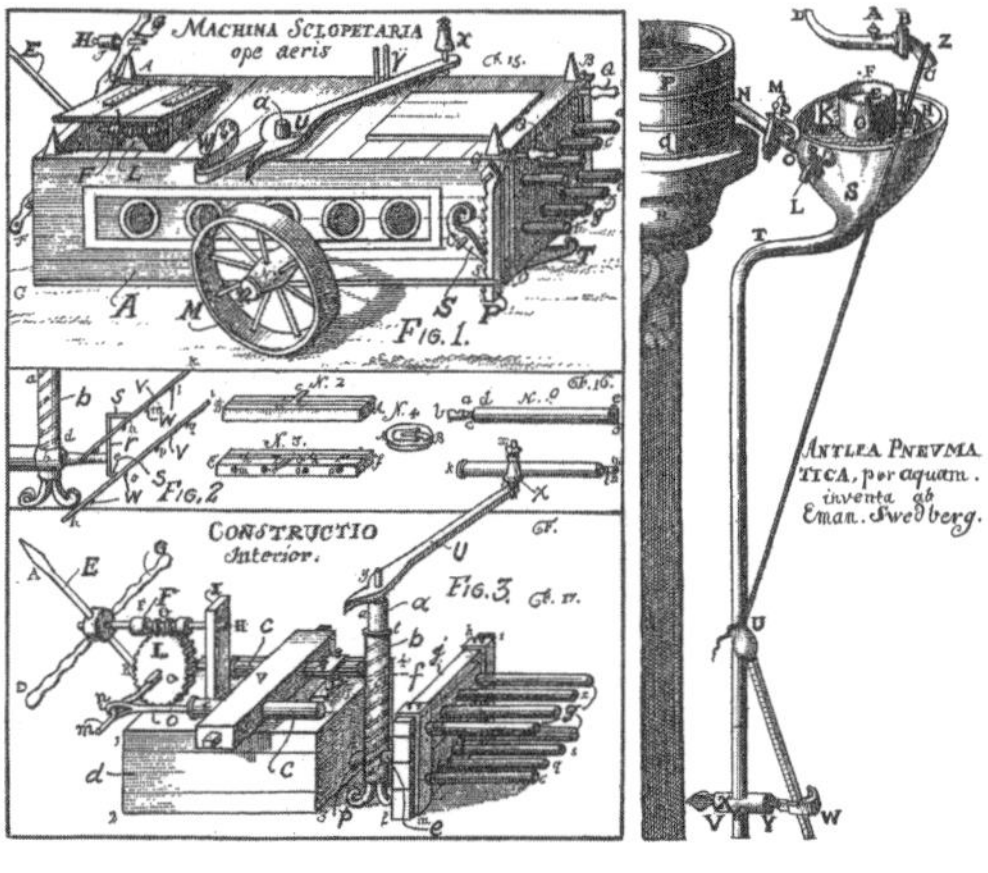

図５　左は自動空気銃の図解（下の図は内部構造)。右は、水により作動する空気ポンプ。

の父は国王カルル一一世の宮廷の専属牧師であり、ウプサラ大学の神学部長であった。

ここではスウェーデンボルグの修業時代について簡潔に述べる。

二二歳でウプサラ大学を出てからの五年間の遊学生活では、機械・土木工学と天文学への関心と研究が注目される。天文学については次章で触れるので、スウェーデンボルグの発明考案品について、また土木工事について重点的に見てゆく。

図5はスウェーデンボルグの発明品の一部の図版である。これらは彼自身の描いた手稿と、彼がのちに発行したスウェーデン初の科学雑誌『北方の工人』に掲載したものである。この中でも重航空機（気球ではない、グライダー型の飛行機）の設計図が貴重である（図6）。aはスウェーデンボルグ自筆の図、bはそれを忠実に再現した、スウェーデンボルグ研究者G・ゲンツリンガーの図解、cは現在、アメリカの国立スミソニアン航空宇宙博物館に展示されているゲンツリンガーの作った試作機である。

気球ではない重航空機の発明者は「ダ・ヴィンチでもライト兄弟でもない」と言い切る航空機の歴史研究者がいる。試作機をよく見ると、固定された翼《よく》、操縦士席、空気抵抗を調節する装置・着陸装置が備わっているのが分かる。これは航空機のデザインとしては史上初めてのものである。その研究者H・セーダーベリ（Henry Söderberg）によると、ライト兄弟が飛行に成功した原因は二つある。一つは十分な動力源としてのエンジンの適用、もう一つはカーブした縦断面をもつ固定翼の使用である。スウェーデンボルグは強力な動力源の必要性は十分知っていたが、それについては何も示さなかった。しかし彼は、縦断面をもつ固定翼の利点を認識した、最初の人物であった（*Swedenborg's 1714 Airplane*, New York, 1988）。

スウェーデンボルグの若い頃、スウェーデンに大発明家として名を馳せたC・ポルヘム（Christpher Polhem, 1661-1751）がいた。ポルヘムはスウェーデンボルグの師となって、家族ぐるみの交流をもった。ポルヘムの推挙や父の紹介でスウェーデンボルグは当時の若き国王カルル一二世（一六八二―一七一八）とも親しくなった。カルルはスウェーデンボルグを寵臣として破格の待遇をした（図7）。

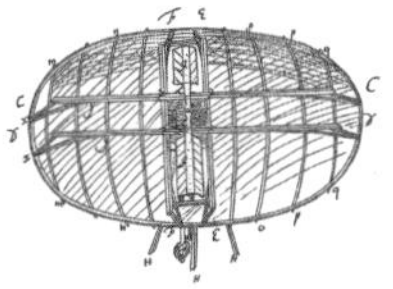

a　スウェーデンボルグ自筆のオリジナル

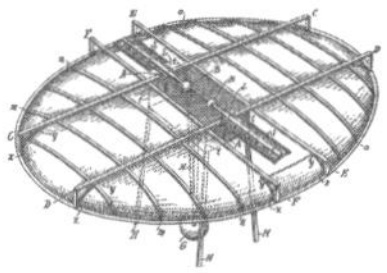

b　上図をもとにゲンツリンガーが作成した図

c　ゲンツリンガーの試作機（スミソニアン航空宇宙博物館蔵）

図６　スウェーデンボルグの航空機

クリストファー・ポルヘム

図７　カルル１２世

カルル一二世は世界の英雄列伝に名を連ねる軍人王であった。北方戦争（一七〇〇―二一年）のとき、緒戦で、一万の軍を率いて、ロシアのピョートル大帝の三万五〇〇〇の大軍を撃退したことは有名である。カルルとスウェーデンボルグについてボルヘスはこう述べている。

ヴォルテールは、カルル十二世が史上もっとも非凡な人物であるとのべている。だが、史上もっとも非凡なる人物という最上級の表現を用いるとすれば、やはりカルル十二世の家臣のなかでもとりわけ神秘的な人物として知られるエマヌエル・スウェデンボルグの名を挙げなくてはならないだろう。

（『ボルヘス、オラル』木村榮一訳、水声社）

スウェーデンボルグはカルルの依頼と支援を受けて、ポルヘムと共に多くの事業に参画した。図8の鉱石巻き上げ機は鉱夫たちが梯子を使って行なっていた鉱石の運搬を著しくはかどらせた、水力を動力源とする機械である。また図9はドックとダムの設計図である。これらはスウェーデンボルグによって描かれた。

カルルはポルヘムとスウェーデンボルグを運河の建設にも従事させた。この運河はストックホルムとイェーテボリを結ぶものであったが、岩だらけの山々を越えるために難工事続きの事業は、一九世紀にようやく完成を見、今はトロルヘッタン運河として知られている。スウェーデンボルグは三〇歳の一夏、この運河の水門作りの仕事に従事している。

また、スウェーデンボルグは、カルルがノルウェーの海軍と戦ったとき、ノルウェーの要塞を攻撃するために八隻の軍船を陸上輸送するという奇抜な作戦の総指揮をとった。スウェーデンのストレムスタートからイッデフィヨルドまでの約二四キロメートルを、小山を超え沼地を渡る、離れわざとも言える移送作戦であった。五〇〇人がかりでも動かすことのできない軍船の移送を、スウェーデンボルグはころや、そりや、流水を使って完遂した。最大の軍船はフィヨルドに運び入れるのに、八〇〇人を使って七週間を要したという。

百戦錬磨のカルル一二世が敵の意表を突いた作戦は成功し、ノルウェーの首都クリスチャニア

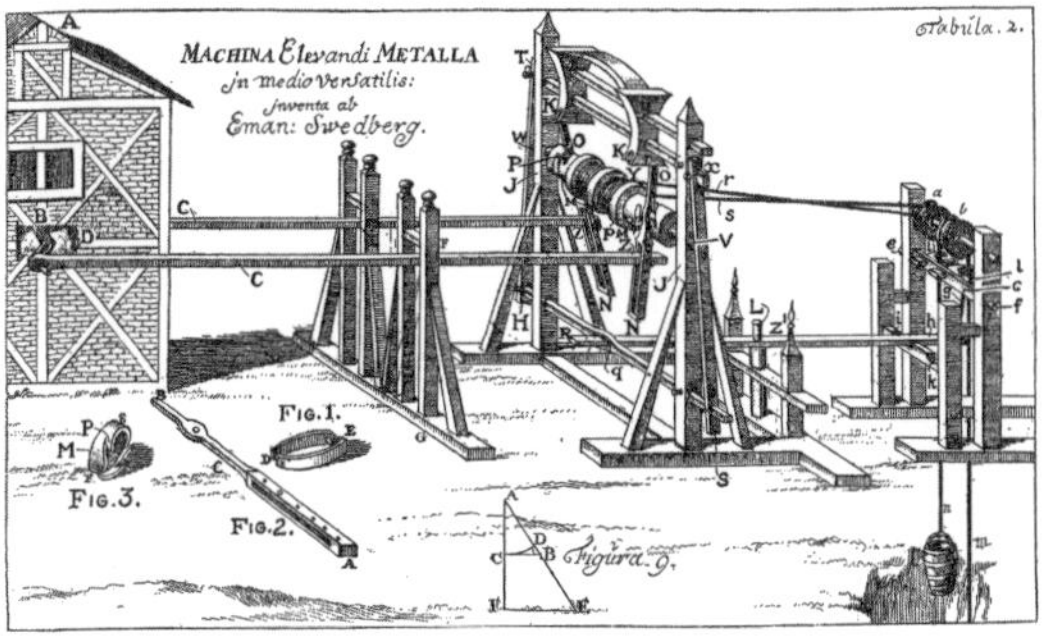

図8　鉱山用に発明された捲き上げ機

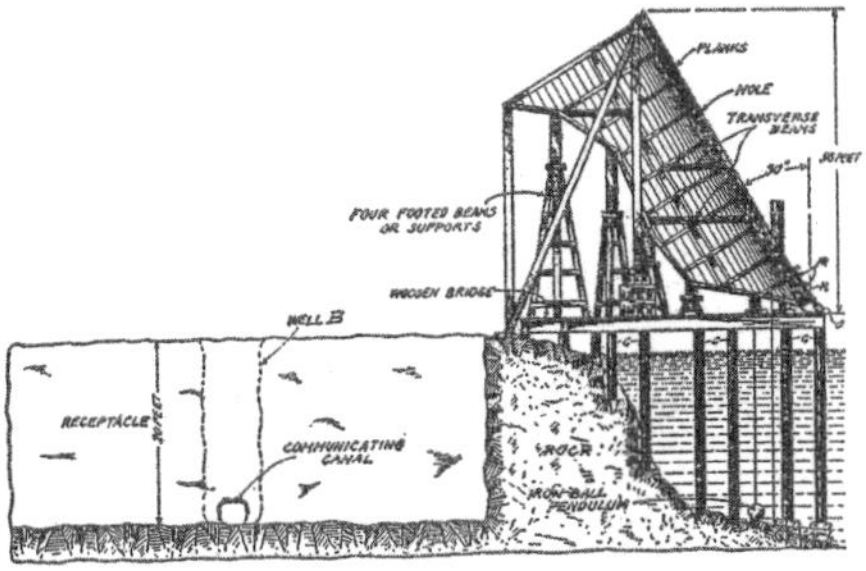

．ドック

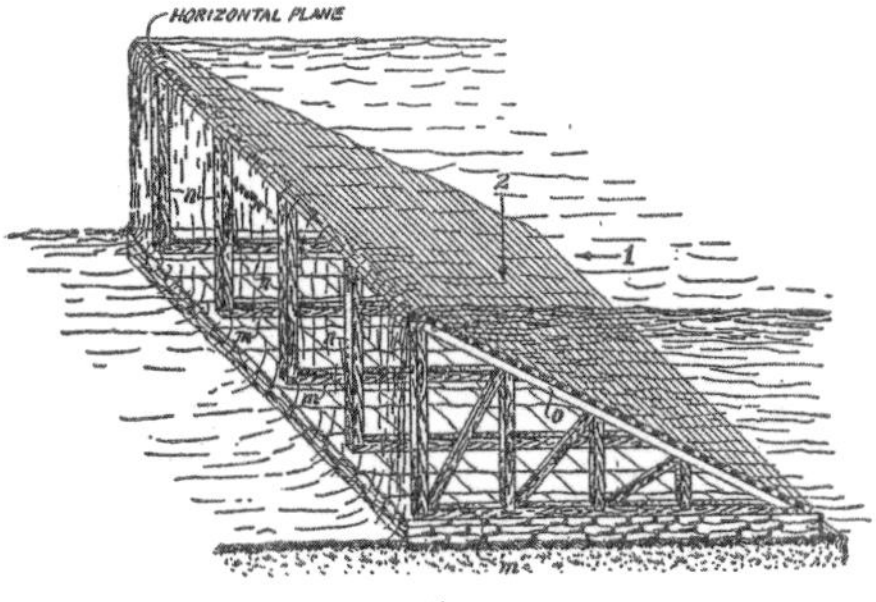

．ダム

図9　ドックとダムの設計図

（オセロ）を陥れる準備ができたのである。しかし一七一八年一一月二〇日の黄昏どき、戦況の視察に出たカルルの後頭部を一発の銃弾が貫き、カルルは即死した。三六歳、独身で過ごし、戦争に明け暮れた軍人王の最期であった（暗殺説がささやかれてきたが、現在では流れ弾による戦死とされている）。青い戦服を着た数千の兵士たちの中で、スウェーデンボルグは平服のままこの輸送作戦の指揮をとったが、戦闘そのものには加わることはなかった。図10はカルル王の戦場の葬列が描かれた油絵である。

　カルル一二世の妹、ウルリーカ・エレオノーラがカルルの後を継いで女王となった。彼女がスウェーデンボルグを貴族に叙し、彼は一家の長男として終身貴族院議員となった。三一歳のとき

図10　セーデルストレームによる、カルル12世の死。1883年

図11　スウェーデンボルグの紋章

図12　リッダルフーセット（貴族院）

である（図11はスウェーデンボルグの紋章《エンブレム》、図12は貴族院、リッダルフーセットの建物）。

第二章　『原理論』に見られる原子論と宇宙論

1　原子論

一七三三年、四五歳になったスウェーデンボルグは、『哲学・冶金《やきん》学論集』を出版するためにドイツへと旅だった。全三巻、一〇〇〇ページを超えるこの大作は、翌年、ライプツィヒで出版された。科学者としての、また一流の鉱物学者としてのスウェーデンボルグの名を知らしめた記念的著作である。

この頃までの彼の科学研究の射程は広大で、化学・水理学・工学・冶金学・地質学・鉱物学・光学・音響学・数学・天文学・磁気学・力学・宇宙論・宇宙進化論などに及んでいた。特にスウェーデンの地層の実地調査からその国で初めて地質学や古生物学の端緒をひらいたことや、磁気学と結晶学の創始につながる発見や研究は、後世に高い評価を得ている。

『哲学・冶金学論集』は採鉱や精錬に関する基準書となった。第一巻は「鉱物界」全体を哲学的に考察していることから一般に『原理論《プリンキピア》』と略称されている。続く第二巻では「鉄と鋼鉄」が、第三巻では「銅と真鍮《しんちゅう》」が、それぞれ取り扱われている。「鉱物界」と言っても、自然界の極微《ミクロ》と極大《マクロ》の世界、つまり原子から銀河系までが扱われる。

『原理論』の正式な表題は、『自然事象の第一原理――根源的世界を哲学的に解明する新試論』であり、次の三部に分かれる。

第一部＝真の哲学の方法論、無限なるものから発現する有限なもの、太陽や星の渦動、磁気。

第二部＝磁力の原因とその機序《メカニズム》。

第三部＝自然界の多様性、混沌《カオス》、太陽系の起源、惑星の軌道、エーテル、空気、火、水。

この『原理論』で展開される原子論と宇宙論を概観しよう。

物質の最小の単位は原子だと考えられ、古代ギリシアのデモクリトスは原子論を唱えた。原子とは、それ以上分割できない物質の究極の単位としての固体的な粒子であり、これが空間（空虚）の中を運動し、離合集散して、水とか火などのさまざまな物質を形成する、とされた。

スウェーデンボルグも物質の根源を極微な粒子と考え、この微粒子から成るさまざまな物質の構造を幾何学的に分析しようとした。しかし彼の考えた微粒子は、それ以上は分割不能の固定した原子ではない。微粒子ならどこまでも分割できる。もし、それ以上分割不能の最小のものが考えられるなら、それは唯一、数学的な「点」でしかないだろう。そう考えてスウェーデンボルグは、物質の究極的な形態は「点」であり、こうした無数の「点」の集合から物質が成り立つとした。

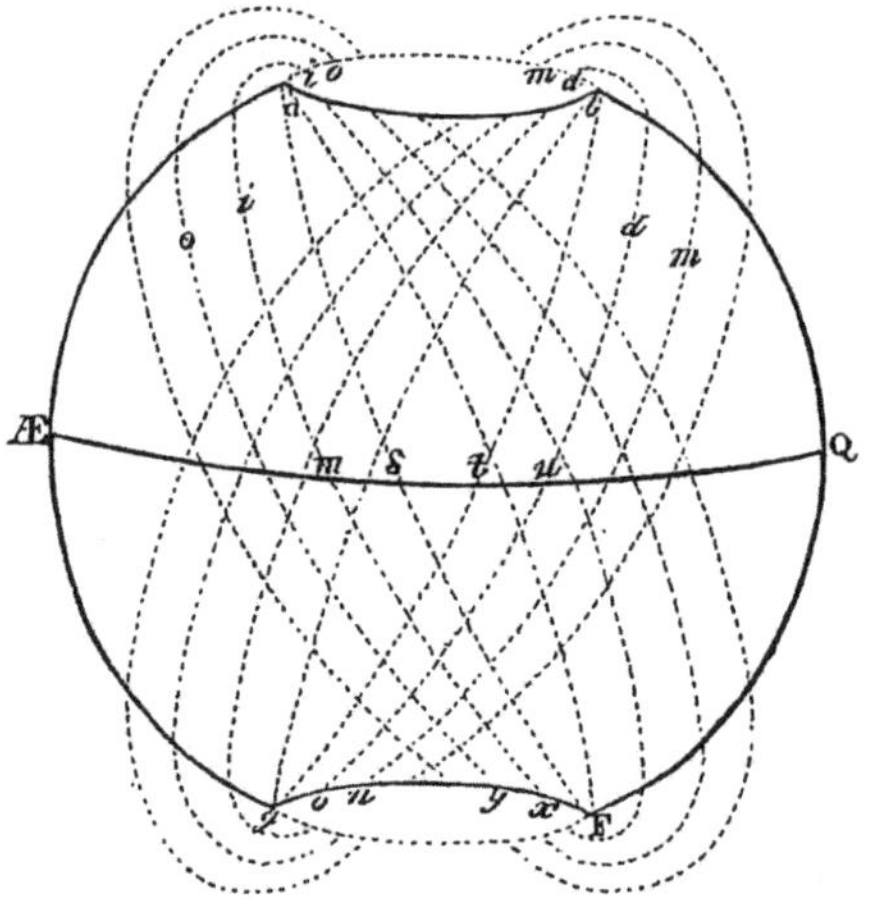

図13　極小の粒子の外観
この図には、球状の粒子が、それよりも小さい微粒子の有する超高速の螺旋運動によって創出される様子が示されている。小さい微粒子の運動の総和が、球状の粒子と成る。

しかし周知のとおり、数学では点とは位置だけがあって大きさも形もないものと定義され、点は空間を占めることができない。空間を占めないものは、大きさも形もないからもはや粒子とも言えないだろう。点が空間を占めることができるのは、点が動く、つまり運動するときである。動くためには力が伴わなくてはならない。

ここからスウェーデンボルグは、位置はあるが大きさも形もない、点のような存在に運動を起こさせる力を考えた。だがこのような力の概念も、このような力をもつ粒子の概念も、思い描くのは不可能のように見える。

古い原子論は、漠然と、固定した微粒子が外部からの力で突き動かされると考えていたにすぎない。ここに戻ることはできない。こういうときに科学を一歩前へ進めるのは、一つの想像力である。それは科学よりも形而上学（哲学）の領域の問題と言えよう。理論的に、物質は一個の数学的な点に至るまで分割できるが、この点をスウェーデンボルグは「原初の自然点」と呼ぶ。この「点」はそれ自身、非空間的なものであるが、その内部に「純粋で完全な力」を有し、運動して空間内に位置を占める。じつはこの力こそ物質の究極的な起源なのだ。

空間内に位置を占めるということは、空間の内部で起こる何らかの運動が空間を創出することであるとも言えよう。自然界はこうした無数の「原初の自然点」によって成り立っている。

彼はこの力の点が十分な速さで運動するなら、その運動は一定の連続した抵抗として感じられ、何か固いものという感覚を引き起こし、私たちが物質と呼ぶものを産出するだろうと考えた（図13参照）。

数学的な点という概念が抽象的であり、それをいきなり物質的な特性に適用する矛盾や、力学的な運動は物理学の範囲内で語られるべきことを、むろん彼は熟知していた。その上であえて彼は、力学的な運動とは別な、これに先行する運動や力の型を取り上げ、現実的な運動から潜在的な運動を区別しようと試みたのである。「力は事物に先立ち、事物は力の示現である」または、「何かが存在するためには、それはそれ自身の内部から絶えず創られていなければならない」とスウェーデンボルグは言う。

ほかの科学者たちの主張のように、物質は外部からの力によって突き動かされる原初的な微粒子から成り立つのではなく、物質の始源は力や運動そのものなのである。これが彼の確信であった。この確信は宗教著作においても変わっておらず、彼は『天界の秘義』の中で、「存在のうちに保たれることは、存在へと絶えずやってくることだ」（七七五）と述べている。

「原初の自然点」は、みずから発出して空間を創出する「純粋で完全な運動」であり、それ自身の内部に無限のエネルギー（彼自身の用語では「コナトス（＝原動力）」）を含んでいる。

空間内に産出された渦動ないし渦巻き状の形態を、スウェーデンボルグは「有限体」と呼んだ。このような渦動状の形態はデカルトにも見られ、デカルトから学んだものであろう。有限体は二つの基本的な性質をもつ。一つは渦動が圧縮されて固定される状態、もう一つは自由に動ける状態である。前者が「受動体」、後者が「活動体」と呼ばれる。それ自体が内在的な運動である有限体は、順次「第二」「第三」……「第六」の有限体を形成して、ついには私たちが目にする水や土や石などの自然界のあらゆる物質を形成する。

近代の自然科学は、古い原子論から出発して、何らかの外部の力によって動かされる物質的粒子に基づいて機械論的な自然観を樹立した。そのため一九世紀までは、粒子そのものが内部の純粋な力ないし運動から成り立つと考えたスウェーデンボルグの理論は、ほとんど顧慮されなかった。原子が「原子核」と呼ばれる粒子と、「電子」と呼ばれる粒子との二つの形態の粒子から成り立つことが分かったのは、二〇世紀になってからである。さらに今では、惑星が太陽の周りをまわるように、電子が原子核の周りをまわっていることも知られている。スウェーデンボルグの言う「受動体」と「活動体」という二つの力は、原子核と電子の概念にいちじるしく似ていないだろうか。

その原子さえも究極の物質の単位ではなく、原子は素粒子から構成される。さらにその素粒子さえ単一なものでなく複合体であり、それは超素粒子（クォーク）から構成されるという、クォーク説まで提起されている。

いずれにしても、物質が大きさのない点状の粒子と考えるのが現代の物質の究極的な像である。大きさのない、空間を占めない存在を粒子と考えるのは矛盾であるが、実際にこのクォークは、存在はするがその働きしか知ることができないとされている。

このように概観すると、スウェーデンボルグの物資の起源に関する先見力がいかに卓越したものかが分かる。スウェーデンボルグは、ミクロからマクロにいたる全自然界を統一的に把握しようとした。原子論は宇宙論と切り離されず、二つは結びついている。それゆえ、太陽系生成の理論は、これまでに述べた物資の究極像の理論と不可分である。

2　太陽系生成論

『プリンキピア』と言えば、普通に思い浮かぶのは、ニュートンが一六八七年に刊行した『自然哲学の数学的原理《プリンキピア》』である。『原理論《プリンキピア》』がスウェーデンボルグの科学的大作の第一巻の略称だと聞かされてもぴんとこないだろう。また、カントと天文学者ラプラスの名を冠した「星雲仮説」にしても、これとスウェーデンボルグの太陽系生成論との関係はあまり知られていない。しかし「根源的世界を哲学的に解明する新試論」というサブタイトルの付いた、スウェーデンボルグの「原理論」は、恣意的に付けられた書名ではなく、ニュートンへの賛意と留保が意識されたものである。

太陽系生成論は、ビッグバンのような宇宙生成論とは異なり、もっと限定された「星雲仮説」と呼ばれるものに属する。太陽系の生成理論はいくつかあるが、一般に「カント・ラプラスの星雲仮説」は現代でも有力な仮説と見なされている。この仮説は一七五五年にカントが提唱し、一七九六年に天文学者P・ラプラスが力学的に修正したと言われている。しかしスウェーデンボルグが『原理論』を出版したのは一七三四年であり、多くの識者は「星雲説」の創唱者はスウェーデンボルグだとしている。

スウェーデンボルグの太陽系生成論は1で述べた彼の原子論と不可分に結びついている。説明を分かりやすくするために、以下に二つの図表を掲げる。図14はスウェーデンボルグ自身が描いた『原理論』の中の図解であり、図15はスウェーデンボルグの論述に基づいて、スウェーデンボルグ研究者C・O・シグステッド(C. O. Sigstedt)がまとめた「概要」の表である(実線や破線は影響や経過を示す)。

古代の新プラトン派の哲学者プロティノス(Plotinos, 205-270)は、「一者」(神)から世界へと、実在そのものが順次段階を踏んで下降してゆく「流出説」を展開した。スウェーデンボルグの描き出す宇宙像や物質像もこれに似ている。

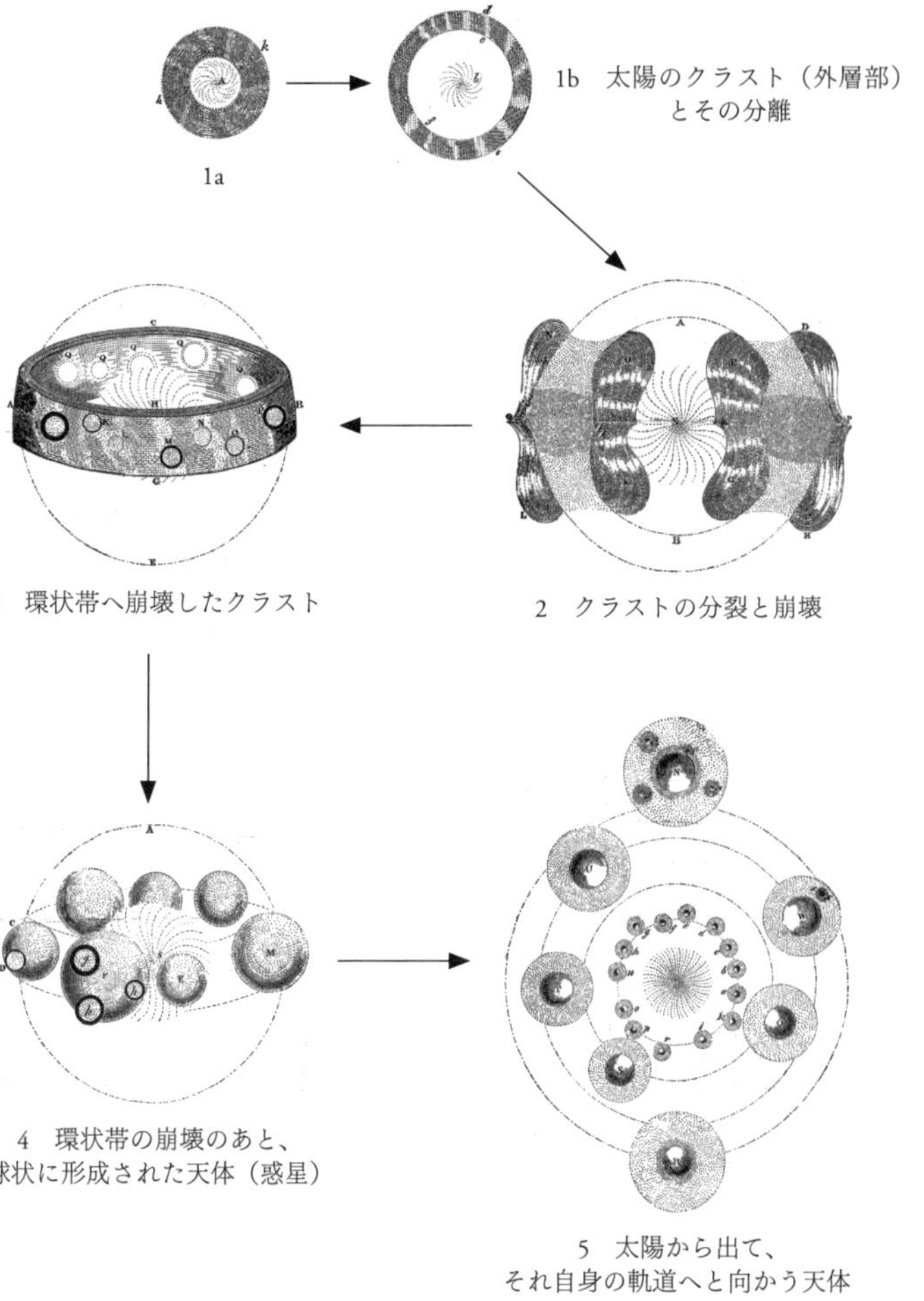

図14　スウェーデンボルグ自身が描いた太陽系生成理論の概念図（英訳『原理論』より）

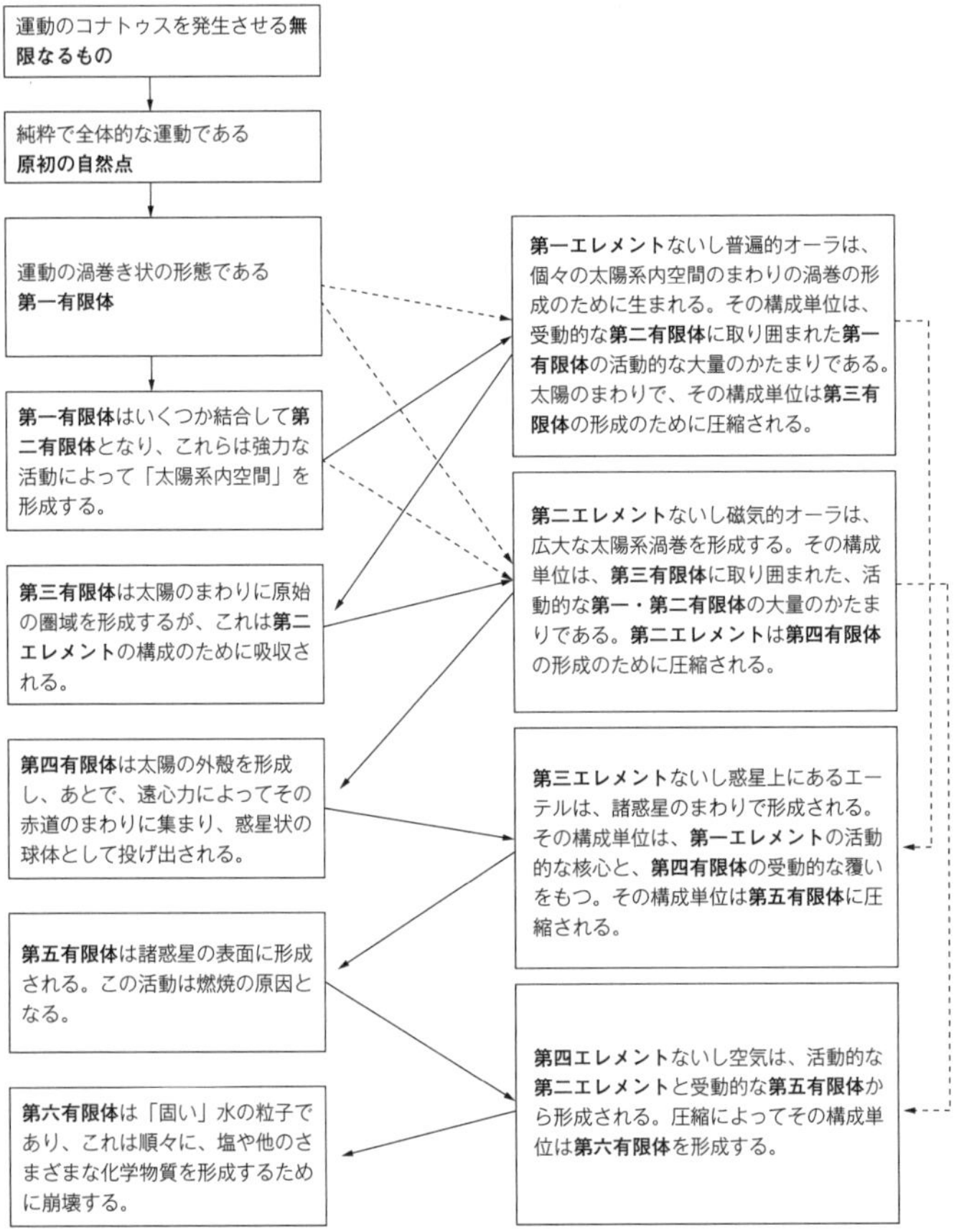

図15　『原理論』に見られる太陽系生成理論の概要（C.O.Sigstedt, The Swedenborg Epic より）

「原初の自然点」は、それ自身の内部に強大な、非物質的、非空間的な力をもつ。この力、運動、エネルギーそのものは、突きつめると「無限なるもの」より発出している。「無限なるもの」とは運動のコナトス（原動力）を創出している、力やエネルギーの発生源である。この無限なるものは、徐々に、その実在のレベルを有限化していく。有限化するとは、下降することである。「原初の自然点」は無限と有限（ここでは自然界、物質界）との接点である。そこから、それ自身、渦動状の力ないし運動形態である「第一有限体」が生成する。

「有限体」はレベルが下降するにつれて、限定や束縛という「有限化」によってその力やエネルギーを低減させていく。「有限体」は二つの状態ないし形態を有するが、それは「活動体」と「受動体」である。活動状態にある「有限体」のもつエネルギーは、「太陽系内空間」を創出する。これは巨大な渦動であるが、おそらく現代でいう星雲（星間）物質とか宇宙塵を指すものであろう。

概要の表で「エレメント」と呼ばれるものは、スウェーデンボルグが包括的に「大気」とか「気流《オーラ》」と考える、一種の気体状の根源的物質である。

太陽系内空間を形成する「第一エレメント」（または「普遍的オーラ」）とは、スウェーデンボルグ自身が後の著作で、重力の働く場と考えた媒体（「純粋なエーテル」）である。この「第一エレメント」が、第一と第二の「有限体」より生成する。これが図14—1aによって示される。ここでは、受動体の巨大な環に取りまかれた活動体の中心がみられる。この中心が太陽である。その外層部《クラスト》が中心から分離して、いっそう大きな環に膨張ないし希薄化する様子が図14―1bである。図14―2には、二つのかたまりに分裂した受動体の環が示される。やがて、かたまりが崩壊して、赤道面の環状帯を形成する(図14―3)。この環状帯が崩壊し、投げ出されて球体(惑星)が形成される(図14―4)。こうした過程で第三と第四の「有限体」が生成するが、これと同時に、光や磁気の媒体とスウェーデンボルグが考えた、第二、第三のエレメントである「磁気的オーラ」や「惑星上のエーテル」も生成する。

こうして、図14―5のように、太陽から発出した諸惑星は、それぞれの軌道圏へと向かっていき、太陽系が生成する。これに並行して、地球表面の空気、火、水、土などの「固い」物質が生成する。「第五有限体」は「燃焼の原因」とされているので酸素、「第六有限体」は「水の粒子」とされるので水素を指すのかもしれない。

以上が、ごく大ざっぱに見たスウェーデンボルグの太陽系生成論であるが、現代の視座からこの理論を批判すべきではない。原子核、電子、酸素、水素は発見もされておらず、エーテルや磁気の性質も、現在解明されている性質に較べて限定されたものだからである。このことはカントとラプラスの理論についてもあてはまる。

さて「原理論」の表題に戻り、スウェーデンボルグがなぜニュートンの『プリンキピア』の成果の評価を留保したかを考える。ニュートンの『プリンキピア』はスウェーデンボルグの生まれる一年前に出版されており、これをスウェーデンボルグが読まなかったわけがない。ハーバード大学などで教えた科学者G・アレニウスは、このあたりの事情を以下のように述べている。

ニュートンの哲学的・宗教的な理論と物理的な重力理論との両方の理論に対して、スウェーデンボルグがとった態度は、意図的な無視を特徴としている。スウェーデンボルグは、一方では、その著作が最大の注目に値するニュートンに敬意を払いながらも、磁化された物質的エーテルというケプラー・デカルトの概念に固執し、それをさらに発展させた。中心の磁化された物体によって誘導された、このエーテルの渦巻運動の状態は、太陽系の回転を維持する。このような保守的態度をとったのはスウェーデンボルグだけではなかった。ライプニッツ、オイラー、ホイヘンスのような、大陸の彼と同時代の大半の人びとが、ニュートンの理論に懐疑の眼を向けたままだった。デカルトの本国フランスではニュートンへの抵抗がとくに激しく、例えばジャン・ベルヌーイはその代表であった。しかし結局は、ニュートンの大きな称賛者だったヴォルテールの哲学的な威信によって、その抵抗はうち砕かれてしまったのである。

（*Swedenborg as Cosmologist*, The Academy of the New Church, Bryn Athyn, 1964.（『スウェーデンボルグの創造的宇宙論』筆者の編訳書、めるくまーる、一九九二年所収））

青年時代の英国遊学のとき、スウェーデンボルグは偉大なニュートンにあこがれ、ロンドンでニュートンに会おうとしたが、果たせなかった。ロンドンのグリニッジ天文台にジョン・フラムスティードを訪ね、ここで一年あまり天体観測を続けたことがある。フラムスティードはグリニッジ天文台の創設者であり『天球図譜』で有名である。その後オックスフォードでスウェーデンボルグは、ハレー彗星の発見者エドモンド・ハレーに会って、彼のもとで天体観測を続けた。

このハレーはニュートンの友人であり、ハレーの強い勧めでニュートンは『プリンキピア』を出版したのである。ニュートンが万有引力説を唱えたとき、科学者のあいだで大論争が巻起こったが、それは主として「重力とは何か」という重力の成因や本質についての論争であった。

ニュートンはデカルトからも多くのことを学んで、『プリンキピア』を書いたのだが、デカルトは、宇宙の運動を生じさせる原理が渦巻き状の流体の運動だとする「渦動説」を主張した。また、デカルトは、宇宙は物質で充満しているとして真空は認めなかった。そして、重力は微粒子の渦巻き運動によって時間をかけて伝播《でんぱ》するという「近接作用論」を唱えたのである。

ところが、ニュートンは、「遠隔作用論」によってこれに対抗した。彼はデカルトの宇宙生成論を、神への不遜な企てだとして特別に嫌っていた。『プリンキピア』においては、渦動説は捨てられ、真空の存在を認める原子論が採用され、物体の落下が万有引力の概念で説明されたのである。

ニュートンにしてみれば、現に存在している重力の法則を数学的に定式化できれば十分であって、重力が何であり、それがどう伝播するかという問題などはどうでもよいことであった。しかし、『プリンキピア』は、デカルトの考えの支持者であったライプニッツやホイヘンスたちの批判を招くことになったのである。

スウェーデンボルグはニュートンの成果を尊重したが、デカルトの「渦動説」にこだわったことは明らかである。しかも、スウェーデンボルグの『原理論』には、磁気についての独自の研究成果が取り込まれている。彼はこれによって「磁化された空間媒質」の概念を打ち立て、デカルトの「渦動説」を発展させ、ニュートンが等閑に付した重力の伝達や宇宙の生成の問題に哲学的に挑戦したのである。

科学史から見ると、ニュートンの遠隔作用論が後年に定着して、渦動宇宙論は荒唐無稽の説として退けられた。しかし現在では、光の波動説（ホイヘンス）と粒子説（ニュートン）が両立するものと見なされているように、重力の成因についても、ニュートンが必ずしも勝利をおさめたとは言えない。アインシュタインの一般相対性理論は、重力を非ユークリッド的な場の概念によって説明するものだが、それは或る種の近接作用論の復活と見られなくはないと言われているからである。

ニュートンは『プリンキピア』で、「私は仮説を立てない。なぜなら、現象から導出されないものは、何であれ、仮説と呼ばれるべきものであるから」と述べて、或る現象が定式化されればそれで十分だと考えた。

しかし、スウェーデンボルグはこうした考え方を嫌い、『原理論』の中で、「科学はあくまでも諸物の究極的な原因に達するまで探究の手を緩めるべきではない」と述べている。また、ニュートンの、「空間は空虚である」とする原子論的な思考にもついていけなかったと思われる。

二二九ページに引用したG・アレニウスは、スヴァンテ・A・アレニウスの孫にあたる。S・A・アレニウスはスウェーデンの科学者であり、「物理化学」という科学の新分野を開拓し、二〇世紀初頭にノーベル化学賞を受けた。晩年に宇宙構造論に取り組み、名著『宇宙の成立』を出版した。彼は同国人スウェーデンボルグの宇宙論上の先駆的発見を次のように総括している。

㈠太陽系の諸惑星は太陽物質（太陽系を形成する物質）に起源を有すること
㈡諸惑星は太陽から徐々に自らを遠ざけて公転周期を長くしたこと
㈢地球の自転周期、つまり一日の長さは徐々に長くなったこと
㈣恒星は天の川の周囲に配列されていること
㈤銀河系をそのうちにいくつも含むような、銀河系よりも巨大な系（銀河群、超銀河群）が存在すること

以上に概観したように、スウェーデンボルグの『原理論』の構想はじつに壮大なものであった。それは無限なるものから、物質の始原たる「原初の自然点」に至り、そこから自然の階層構造を順次拡大して、磁化された太陽系の渦動、太陽の原始の圏域、太陽の外層部、諸惑星、惑星表面の大気などへと進み、またそれは太陽系を超えて、銀河、銀河群、超銀河群へと広がっていく。

十分な観測機器や観測データのなかった時代に、彼が多くの現代的発見を先取りすることができたのは、事物の全体を見渡す洞察力の深さのゆえであろう。スウェーデンボルグは、青年のときにあこがれたニュートンの偉大な成果を尊重した。しかし、彼の『原理論』のサブタイトル「根源的世界を哲学的に解明する新試論」からも明白なように、彼はニュートンがなおざりにした問題を独自の哲学的思索によって解決しようとしたのである。

科学は絶えず進歩するものだから、誤りは誰にもありうるし、それはスウェーデンボルグとて例外ではない。私たちはここに、権威との妥協を拒む科学的精神を読みとることができよう。

本章を閉じるにあたり、『原理論』の序章「真の哲学へ至る方法」の中で表明された以下の一文に注目したい。それは、ソクラテス的な「無知の知」の自覚にも似た、敬虔で謙抑な科学者の信仰である。

> 無限なる存在者への畏怖は、哲学からけっして切り離せるものではない。神的で無限なる存在者についての知識は、人間の知恵が教えるものではないからである。自分を賢明だと妄想して、至高者についての知識や至高者への畏怖なしにどんな知恵でも所有できると考える者は、実際は一かけらの知恵ももたないのだ。
>
> (A. Clissold 英訳『原理論』より)

第三章　「霊魂」を求めて——スウェーデンボルグの解剖学・生理学・心理学

1　霊魂とは何か

スウェーデンボルグは自分の仕事である鉱山業に関わる大作『哲学・冶金学論集』によってヨーロッパの学界に確固たる地位を築いた。しかしこれは彼の自然探究の出発点にすぎなかった。植物や動物、また人間という広大な有機物の世界が眼前に拡がっていた。彼は特に人体の有機組織とその機能の研究につよい関心をいだいた。その探究の目標は人体そのものではなく、人体を玉座から治めるように統御する「霊魂anima」の所在と働きを突きとめることだった。当時、霊魂については、その存在は聖書の教えのとおりに信じるべきで、こざかしく科学がその存在や不死性を検証するなど無謀だとされていた。

アリストテレスにとって霊魂とは、肉体の形成・維持・成長の働きをする生命原理であった。同時にそれは理性的霊魂として、知性や理性という精神の働きの原理であった。デカルトは、霊魂（精神）を思考実体、物体（物質）を延長実体と規定して、両者を切り離した。これがデカルトの二元論と言われるものである。物体である肉体は精密な自動機械と見なされた。フランスの医師ラ・メトリーはスウェーデンボルグと同時代の人物だが、デカルトを称揚し『人間機械論』

（一七四七年刊）において、「脚が歩くための筋肉をもつように、脳は考えるための筋肉をもつ」「無神論が確立されぬうちは、世界は幸福にはならないだろう。あるのは哲学ではなく唯物論だ。肉体の一部を形成する霊魂は肉体と共に滅び、死をもって一切は終わる」と言い切った。

スウェーデンボルグの求めた霊魂は、最初はアリストテレス的な霊魂だったが、デカルト以降の近代哲学が提起した心身二元論の難問も無視できず、これに対して哲学的な独自の解決をめざした。彼は、知性や愛といった真に精神的で霊的な事柄が自然の機械論的な説明を超え出ることを知っていた。しかし彼の「霊魂」探究は、哲学的思弁よりも、まず、人体の生命原理として物質的基礎をもつ霊魂に向かった。それは、霊魂の実在性や不死性を立証するには霊魂が物質的な基礎を有することを示すのが先決と信じたからである。それゆえ彼の探究は、彼が「レグヌム・アニマーレ」（regnum animale）すなわち「霊魂の王国」と呼んだ人体の解剖学・生理学へと向かったのである。

後年、遺稿として出版された『理性的心理学』（*Psychologia Rationalis*）の緒言に、私たちは彼の霊魂探究への情熱を垣間見ることができる。

私は可能なあらゆる熱意をもって、霊魂とは何か、肉体とは何か、そしてそれらの間の交互作用とは何か、さらにまた、肉体の中にあるときの霊魂の状態はどうであり、肉体の生命が尽きた霊魂の状態はどうなのか、これらの探究に乗り出した。そして私はついに、その究明のためには、霊魂のもつ有機的身体の解剖学による進路しか開かれていないと悟った。霊魂は有機的な身体に宿るのだから、霊魂はその活動を遂行し、その過程を完成する。かくして私はこの解剖学を、ただ霊魂の探究のためにのみ研究してきたのである。

スウェーデンボルグは四八歳のとき鉱山局に長期不在許可を請願し、給与の半分を同僚に分けて外国旅行に旅立った。途中一時、帰国した時期もあったが、霊魂を求めその成果を厖大な量の草稿にまとめたり出版したりする旅は足掛け一〇年に及んだ。彼はパリでは一年半、新設されたばかりの医科大学で解剖学を実地で研究し、その後イタリアへ赴き、解剖学のメッカであったパドゥア大学の「解剖学階段講堂《テアトルム・アナトミク》」も訪れている。

スウェーデンボルグは実際の解剖現場にも立ちあったと思われるが、彼は多くの先人たちの成果を精力的に学んだ。この分野の当時最高権威であったイタリアのマルピーギやオランダのレーウェンフックらが発表した精密な図版付の文献資料に目を通したのである。

四、五年に及ぶ研究の後、スウェーデンボルグは成果を『霊魂の支配領域の組織（*Oeconomia Regni Animalis*）』二巻として出版した。初めこの著作は*Economy of the Animal Kingdom*と英訳された（邦訳「動物界の有機組織」）が、この表題のanimaを彼は「霊魂」という本来の意味で使用しているので、現在では誤訳とされている。

この著作では血液とその循環、心臓や脳などが扱われ、特に血液についての論述が大半を占めている。彼の霊魂を求める思索は、ここでは純化された高度な血液である「霊的流動体」に収斂している。これは、微妙な点で差違はあるものの、デカルトの「動物精気《アニマル・スピリット》」や、アリストテレスの言う肉体の最初の形成的本質に似た、「肉体の霊魂」である。

実際、著作の内容そのものも、いちおう「霊的流動体」に霊魂の座を探ったとはいえ、彼の心はまだ懐疑で揺れ、論述も一貫性を欠き紛糾している箇所もある。彼自身、自分は探究の途上にあるにすぎないと考えたのであろう。それは次のような箇所に明らかである。

一般の人びと同様、私は、霊魂に関する私たちの知識は、単なる推理だけによる哲学によって獲得されるか、あるいはもっと直接的に人体の解剖によって獲得されるかの、どちらかであるとしか考えることができなかった。しかしそのように考えている限り、私は自分が目標から遠ざかっているのを知った。なぜなら、私がその主題に通じたように思われてもすぐに、それは再び把握しがたいものになってしまうことに気づいたからである。こうして私の希望は、打ち砕かれたとは言えないまでも、先へ棚上げされてしまったのである。（第二巻　二〇八）

しかし、スウェーデンボルグは失望しなかった。もっと広範に人体という密林《ジャングル》を踏査してデータを蓄積し、その基礎のうえに新たな哲学的思索を加えるべく、次の著作の構想を練った。それは「解剖学的、物理学的、哲学的に考察された」というサブタイトルの付された、『霊魂の王国』

(*Regnum Animale*) の著述であった。

2 『霊魂の王国』

『霊魂の王国』は最初一七部で構成される計画だった。スウェーデンボルグの著名な研究者であるA・アクトン (Alfred Acton) が英訳した各部の主題だけを左に示しておく。

第一、二部	人体の臓器
第三部	心臓、その他
第四、五部	生殖器
第六部	感覚
第七、八部	脳
第九部	腺維、運動腺維、動物精気
第一〇部	霊魂の活動組織
第一一部	頭部の疾患
第一二部	照応と表象、変様
第一三部	行為、外的および内的感覚、想像力、記憶
第一四部	アニムスの情愛と無秩序
第一五部	知性および理性的な心
第一六部	霊魂
第一七部	霊魂と肉体の交流

故国に帰って腰を落ち着けることもなく、鉱山局での約三年の勤務のあと、一七四三年、五五歳になったスウェーデンボルグは、また外国旅行に出た。それはオランダ、ドイツを通りロンドンへ向かう出版と研究の旅であった。右表の計画のうちの半分くらいに相当する部分が『霊魂の王国』全三巻として、ハーグとロンドンで出版され、残りの部分は未刊のままで遺稿となった。遺稿も後年出版されたが、霊魂研究の著述全体は一万ページは下らないと思われる、厖大な量である。この著述全部の手稿が現在、世界記憶遺産に登録され保存されている。

『霊魂の王国』は右表のとおり心臓、肺、胃腸、肝臓などのあらゆる臓器のほか、筋肉、腺維、神経、感覚器官、内分泌腺など、人体という有機組織全体を細部に至るまで扱っている。遺稿の部分でも、脳、生殖器、生理学的心理学を扱い、脳の草稿だけでも一五〇〇ページを超えている。人体を玉座から治めるように統御する霊魂を探究し続ける、スウェーデンボルグの不撓《ふとう》不屈の精神は、その著作第一巻のプロローグに脈打ち、前著『霊魂の支配領域の組織』と同様に、ここでも人体が霊魂の治める王国だという確信は揺るがない。

そんなに以前のことではないが、私は『霊魂の支配領域の組織』を上梓した。それは血液、動脈、心臓だけを扱った著作である。……私は霊魂にあまりに早く接近してしまった。……それゆえ私は霊魂に至る生物界の領域全体を走破するまで、自分自身にどんな息抜きも許さないと決心した。……霊魂に達しようという熱望をもって人体の奥所と内部へ分け入っても無益だと、現今のもっとも優れた哲学者の多くは私の耳元にささやくだろう。しかし、そうした意見にはいくつかの反論がある。すなわち、霊魂はその有機的身体の原型、理念、原初形態、原質、力、原理であるがゆえに、あるいは言い換えれば、有機的身体はその霊魂の像であり類似であり、霊魂の能力の全性質に応じて形成され原理づけられているがゆえに、一方は他方の中に、ほとんど生き写しに表象されることになる。したがって私たちは、霊魂に関しては身体によって、身体に関しては霊魂によって、全体の真理に関してはその両者によって、教えられることになる。そうした方法を通じてこそ、私たちは霊魂の王国の豊饒《ほうじょう》な知へと導かれるのだ。

（『霊魂の王国』第一巻、序言）

約一〇年に及んだスウェーデンボルグの霊魂探究は、人体という密林《ジャングル》をくまなく踏破するようなものであった。徐々に彼は、人体における霊魂の活動の本拠地を特定していった。そしてついにその本拠地を大脳の中に突きとめたかに見える。彼は『霊魂の王国』第二巻でこう述べている。

大脳内には卓越した感覚中枢があり、また奥深い空洞（窩《か》）がある。ここへ身体の感覚の放射が上昇し、ここより先へは昇ることができない。そこには、もっとも高貴な組織の衣をまとった霊魂が座を占め、そこに現れ出る諸観念を迎え、諸観念を客として受け容れる。この気高い場所は最内奥の感覚中枢であり、ここは身体の生命の上昇が停止し、霊的な本質と見なさ

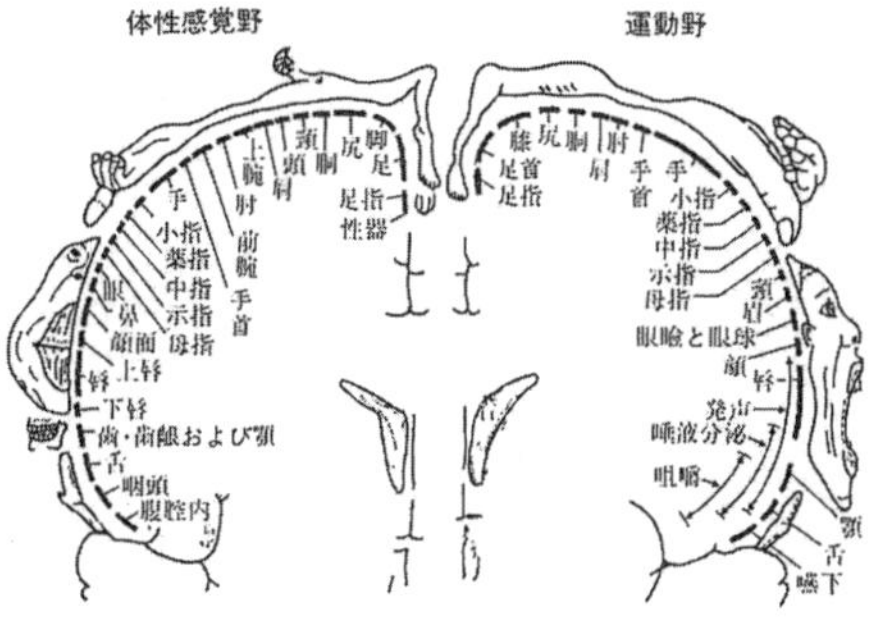

図16　ペンフィールドによる大脳皮質の機能分担図

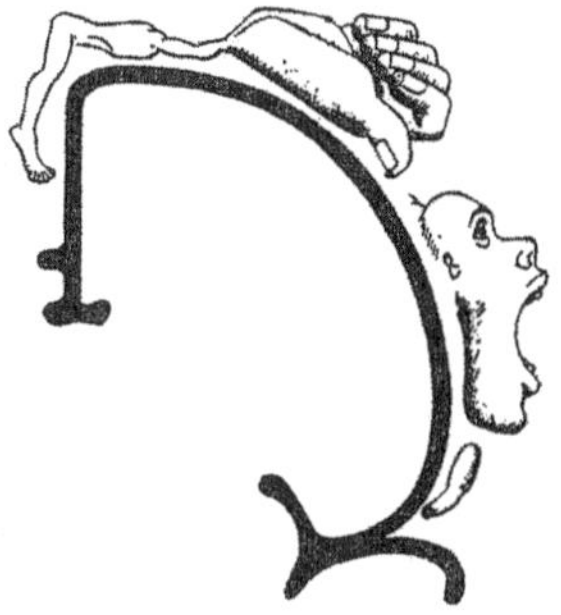

運動の人体模型

れる霊魂の上昇が始まる境界域である。ここにおいて霊魂は、私たちが観念に基づいて思考し、思考に基づいて結論を下し、結論に基づいて判断し、判断に基づいて選択し、かくして意志し決定する能力に、その力を注入し伝達するのだ。

（『霊魂の王国』第二巻　四五八）

感覚器官、神経組織、脳などについては遺稿となった『脳』に詳しく論じられるが、スウェーデンボルグは、感覚の情報を受容して運動を生じさせる随意的な活動の座を特定的に大脳皮質の灰白質に割り当てた最初の学者であった。それだけではなく彼はまた肉体のどの部位が大脳皮質のどの部位に対応するかも示している。『脳』において彼は、「大脳の最も高い葉《よう》が足の筋肉を支配し、その最も低い葉《よう》が顔の筋肉を支配する」と述べている。彼はまた前頭葉の領域が高次な精神機能において特に重要であるとも考えた。

彼の時代に行き渡っていたのは、霊魂は松果腺に宿るというデカルトに代表される考えであったが、むろんこれは根拠を欠く憶説である。スウェーデンボルグは解剖図を綿密に研究したばかりでなく、現代の神経生理学者が行うように、脳の一部の特殊な損傷によって生じた失語症の説明と解剖図を比較考察もしたのである。図16はカナダの神経外科学者のペンフィールド（W. G. Penfield）の描いた「運動の人体模型図」と「大脳皮質の機能分担図」であるが、スウェーデンボルグの所説との一致は一目瞭然である。

一九世紀になってから、スウェーデンボルグの解剖学・生理学・心理学の著作と遺稿が少しずつ翻訳（彼の著作はラテン語で執筆された）出版されたとき、当時の科学者たちを驚嘆させた。彼と同時代者であった前述のラ・メトリーは、霊魂や心は脳の所産であると断定して唯物論を標榜した。このような身心観が現代の医学や心理学にも見られるのは周知のことである。古代ギリシアや近・現代の素朴な唯物論と異なり、現代の解剖学や医学、また心理学に基づく唯物論は、精神対物質というより心対脳における脳の優位を特徴とするから複雑である。スウェーデンボルグは、現代の唯物論的心理学が拒んだ霊魂（心と言ってもよい）の多くの機能が、脳の物質的・物理的な構造の中に精確に反映されているということを、最初から仮定していたのである。この意味でも彼は、ラ・メトリーや、現代の唯脳論的脳科学者の対極に位置づけられよう。

スウェーデンボルグの研究と思索から生まれた数多くの成果は、現代に至るまでの生理学や医学の研究によって実証されている。『霊魂の王国』以外の著作も含めた形で、その主要な発見や指摘をまとめる。

㈠大脳皮質が意識の座であるという指摘
㈡大脳皮質が神経腺維を通じて人体のあらゆる部位と連絡しあう事実の指摘
㈢大脳皮質機能の局在性の発見
㈣神経細胞の発見。スウェーデンボルグは脳の灰白質中におびただしく散らばっている微細な卵形のものが精神と肉体を根源的につなぐ役割を担うとして、これを「皮質腺」(cortical glands)と呼んだが、これは後世、電子顕微鏡がその詳細な構造をとらえた神経細胞《ニューロン》に相当する。
㈤脳脊髄液の性質の解明
㈥脳のリズミカルな運動が心臓の拍動や血液とではなく、呼吸と同調して起こるという事実の指摘
㈦内分泌腺(ホルモン)の機能の解明と、脳下垂体の重要性の指摘
㈧脳波の発見
㈨右脳、左脳の機能の差違の発見
㈩心身医学的知見の提起
㈠から㈦については、一九一〇年にウィーン大学解剖学教授M・ノイブルガー(Max Neuburger)

がスウェーデンボルグの国際学会で実証している。(八)から(十)についても簡潔に補足する。
(八)スウェーデンボルグは一七一九年、三一歳のとき、スウェーデン語で書いた『震動』(*Tremulationer*)という初期の解剖学の論文を王立医科大学に提出した。その副題を「我々の活動力が震動から成り立つことを示す、最も精妙な自然物の解剖」と言い、皮膜と神経との解剖を扱った論文である。ここで彼は、脳が或る種の震動(波動)を有することを指摘している。
(九)現代では、左右の大脳半球(左脳・右脳)に機能の差違があることが知られている。左脳は分析的、合理的で、言語活動・計算・観念の構成などの機能に優れ、右脳は統合的、直観的で、音楽や絵画の認知のような全体像の把握に優れていると言われる。スウェーデンボルグは神学著作を執筆した頃、自分の脳に及ぼされる霊的影響の観察に基づいて、知性に関係する分析的な事柄は脳の左側から流れ入り、意志や情緒に関係する統合的な事柄は脳の右側から流れ入ることを述べている(『天界の秘義』六四一、六四四)。これについて米国の心理学者S・ラーセン(Stephen Larsen)は、大脳半球の機能の差違の発見はスウェーデンボルグに帰せられるべきだと主張している。この機能の差違は、二〇世紀半ばに米国の神経生物学者のロジャー・W・スペリー(Roger W. Sperry)が脳梁の切断実験によって実証し、一九八一年にノーベル生理学・医学賞を受けている。
(十)心身医学的知見は、おもに血液と腺維に及ぼす心の影響を生理学的に論じた遺稿『腺維の疾患』に体系的に叙述されている。「心はしばしば肉体へ働きかけ、血液に障害を与え、これを濁らせることがある」と彼は述べ、感情の混乱や節制を欠く心のあり方が血液や腺維の病気を引き

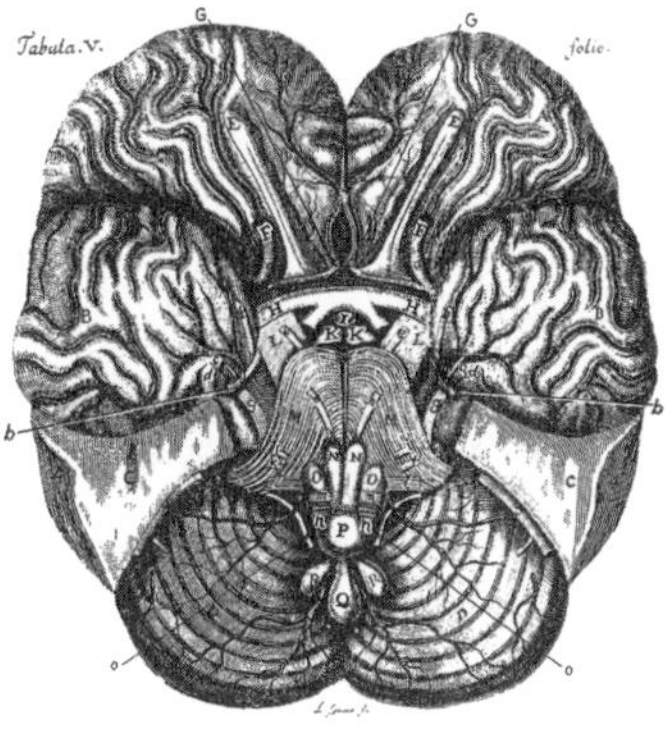

大脳基底部

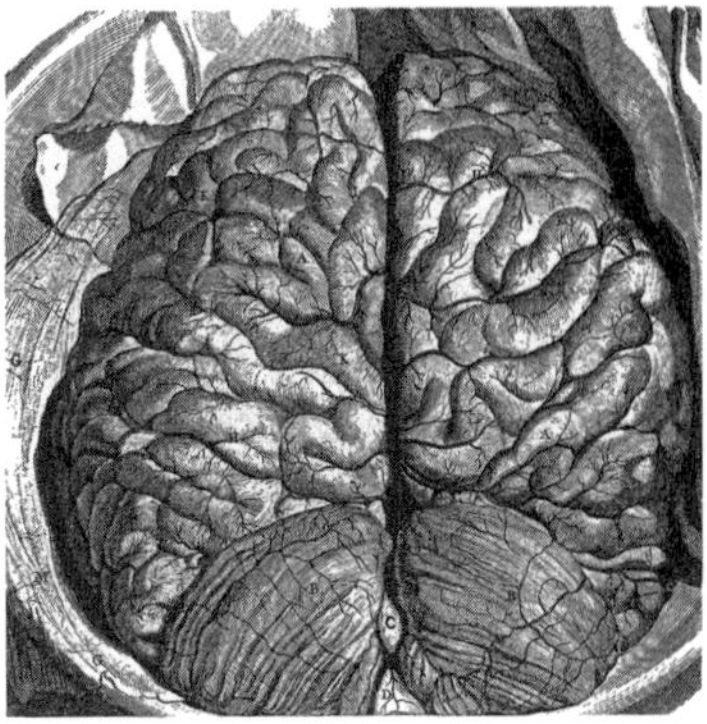

硬膜と鎌を除去した人間の脳

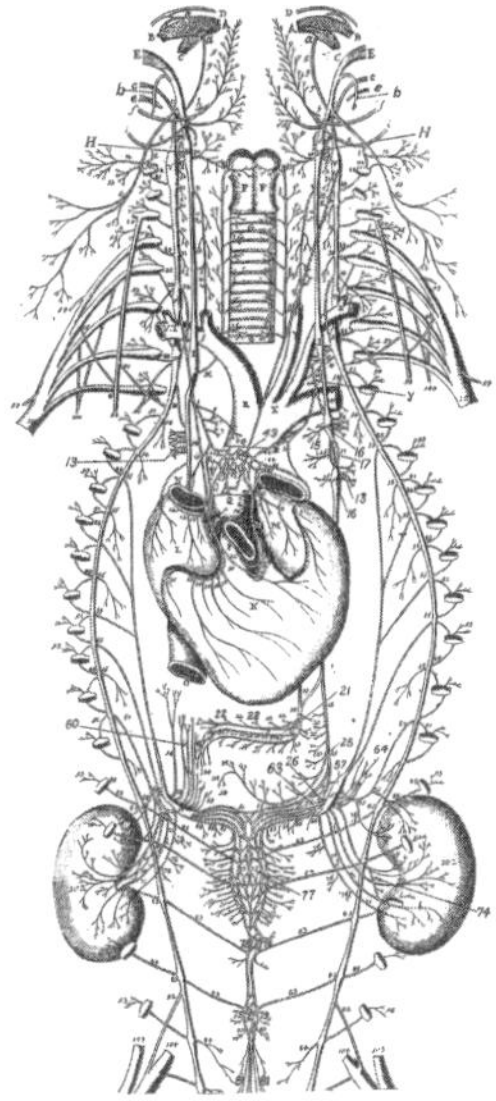

脊髄神経

大動脈（下部は大動脈弓）

図17　『脳』に収められた解剖図

起こす例を、いくつか挙げて説明している。

以上に見てきたような多岐にわたる知見を踏まえ、二〇世紀のスウェーデンの著名な解剖学者G・レッツィウス（Gustave Retzius）は、スウェーデンボルグを「深遠で偏見なき解剖学の思想家」と呼んでいる。

3 『理性的心理学』

霊魂が、脳という玉座から人体という王国を治めていることは理解された。しかし、玉座が霊魂そのものであるわけではない。それなら、霊魂とはいったい何なのか。一般に私たちは、心とか精神は脳に宿っている、つまり脳の物質的、生理的な組織の中に反映していると漠然と考えて、それ以上は追求しない。脳が先か、心が先か、といった議論もあるが、その決着がつかなくとも心理学は成り立っている。W・ヴント以来、近代心理学は「霊魂なしの心理学」を標榜しているからである。霊魂があってもなくても、心の作用と見なされる行動なら科学的に探究できるというのが、現代の心理学の主流である行動科学のスタンスである。

それに対して、スウェーデンボルグが生理学の基礎のうえに築こうとした心理学はあくまでも霊魂をめざすものであった。しかも彼が探究しようとしたのは、肉体の生命原理としての「肉体の霊魂」ではなく、意識活動の根源としての「霊的な霊魂」であった。

私たちは『霊魂の王国』の一部を構成する予定だった「霊魂」(*De Anima*) という表題の付いた遺稿の中に、スウェーデンボルグの科学的な霊魂探究の総決算を見ることができる。これは彼の死後、『理性的心理学』と題されて出版された。

『理性的心理学』は生理学と連動した心理学であり、脳や神経系と切り離された心だけを考察の対象にしたものではない。霊魂が人体の生命原理であると同時に、その意識体とも言うべき人間の精神の生命原理でもあることを検証して、霊魂の高次の働きを照射すること。これがこの著述の目標であった

スウェーデンボルグは、一般に漠然と「心」と呼ばれるものが、デカルト的な思考実体やたんなる意識ではなく、もっと複合的な構造を有すると考えた

まず、肉体といちばん接近した層は、「自然的な心」または「アニムス」(animus) である。これは「感覚の生命」であり、現代的に言えば、本能、情動、パッション、快と不快の座(主体)である。この外なる心は動物ももつとされる。感覚(五感)や記憶もこの層に属する。

次の層である意識的な心、つまり「真正の自己」として自由意志と理性をもつ心は、「理性的な心」(mens rationalis) と呼ばれる。これは「思考の生命」であり、想像、推理、思考、判断、意志決定の主体である。

心のもっとも高い層、あるいは最内奥の層を成すのが「霊的な心」である。これはいわば超意

識的な心であり、「理性的な心」を統括する「純粋知性」を有している。この「純粋知性」には、自然のいっさいの法則に対する直観ないし直知が先在している。純粋知性は「理性的な心が継時的に把握するものを同時的に把握する。つまり、前提と結論、原因と結果を同時的に把握する」(一三二)、「どんなことでも、それをただちに真または偽と認め、確からしいという曖昧な認め方はしない」(一三三)、「人間が経験によって獲得するものではなく、始めから完全なので、経験によって完全にされる必要もない」(一三四)と述べられている。

哲学者カントは、経験に先立って理性が知っているものを「ア・プリオリ」(先験的)とした。ただ、カントや近代の合理主義的な哲学者たちはこうした働きを理性に帰したが、スウェーデンボルグは理性は根源的なものではなく、理性の内奥に理性を原理づける知性として「純粋知性」を考えているところが彼らと相違している。つまり、スウェーデンボルグは理性を「混成された知性」と考え、デカルトやカント流の理性を人間の心の根源とすることはなかった。かといって、『理性的心理学』での「霊魂」探究は、この「霊的な心」を特別に神秘的な知性と規定しているわけでもない。

霊的な心の内部ないし上位にあるのが「霊魂《アニマ》」である。霊魂は肉体全体の形成と維持の原理であるとともに、心全体の形成と維持の原理でもある。霊魂は肉体を形成し、その基盤の上に心をも形成して維持する。霊的な心の働きである「純粋知性」を通して、霊魂は「理性的な心」に思考や意志の能力を賦与するだけでなく、究極的には想像、記憶、感覚の働きをも内部から秩序づけ統制している。

『理性的心理学』では、霊魂は「純粋で完全な英知」「霊的な形態と本質」などと述べたうえで、次のようにも説明している。すなわち、「自然の原初の存在《エンス》と形態である純粋知性を超越しつつ、かつその純粋知性に不連続的な階層によって隣接するもの」（一三七）と。

また、霊魂は、その「力」に関しては不滅（不死）であるが、その「状態」に関しては「転倒されうる」とも述べている。不滅と言えば、この頃スウェーデンボルグは霊的な心（純粋知性）もまた死ぬことはないと考えていた。

いずれにしても、スウェーデンボルグの心理学は、解剖学や生理学の知見を踏まえたものとはいえ、すべて思索や推理によるものであった。スウェーデンボルグには霊魂の実体は依然分からなかったが、霊魂が心と肉体に働きかける仕方や様式は明らかであったように見える。しかし、そこまででしかなかった。

『理性的心理学』には、「自由決定または道徳的な善悪の選択」という一章が割かれている（第一七章）。スウェーデンボルグは、人間を理性と自由意志をもつ存在とする。この根源的な能力はキリスト教でいう原罪によって無力化されてはいない。彼は、人間には生まれつき善悪を知ることのできる「純粋知性」が内在し、自由意志によって善悪のいずれかを選んで行為に移しうることを認めた。

もし人間がアニムスに属する本能や情動を、アニマに発する霊的な心に照らして正しく制御すれば、そこに徳が形成されるし、反対にアニムスの奔放な流れに身を委ねて押し流されるなら悪徳を積むことになる。「真正の自己」である理性的な心が霊魂の「自然の秩序」ないし「従属の普遍的な法則」に従うなら、霊魂によるみずからの王国の統治は安泰である。しかし、現実に、私たちの意識的な心は、認識に関しても道徳的行為に関しても、霊魂の指示にいつも従うわけではない。そうなると霊魂の王国は危機を招き、大きく揺らぎかねないであろう。

この場合でさえ、霊魂そのものは完全なのだから、ただちに損傷部位の修復活動を開始するであろうが、アニムスの流れに翻弄されつづける限り、霊魂の働きは拒否されたままである。おそらくこの事態が、「霊魂」は「力」に関して不滅だが、「状態」に関しては「転倒されうる」というスウェーデンボルグの言明の意味するところと思われる。

スウェーデンボルグはまた『理性的心理学』で、「天界の社会」や人間の「不死性」について推論しているが、こうした主題についての推論も、漠然とした憶測の域を出ていない。それは、死後の霊魂（または霊）についての次のような叙述から明白である。

（死後）私たちは人間の形をとるとは、私は考えない。なぜなら、こうした形はもっぱら最低の世界に役立つために存在するからである。天界では、霊魂は鳥のようなものである。……霊魂は足も腕も必要としない。そこから筋肉すなわち肉も骨も必要としない。それは霊だからである。……しかし、私たちが霊魂となって生きるとき、おそらく私たちは、自分たちがかくも幼

稚な考えで想像していたことを笑うことであろう。（五二一、五二四）

スウェーデンボルグはこの原稿を出版しなかった。多くの先駆的発見がなされた人体（特に脳）については言うまでもなく、心理学も当時として最高水準にあったにもかかわらず、である。彼にはとうてい霊魂そのものを見出したとは思えなかったからであろう。

第四章　転身期——宗教的危機と『夢日記』

1 『夢日記』

『霊魂の王国』の執筆と出版のための外国旅行のあいだ、スウェーデンボルグは私的な日記を付けていた。それは一七四三年七月から翌年一〇月までのおよそ一年半の日記であり、彼の死後八六年を経てストックホルムの王立図書館で偶然発見された。初めの部分は数ページにまとめられた普通の旅日誌だが、一七四四年三月から一〇月の七ヵ月間の部分は、内面的な葛藤や苦悩の自己告白、自分の見た夢とその解釈、心霊的な出来事などの記録となっている。後年、スウェーデン語で書かれたこの日記は『夢日記』(*Journal of Dreams*)という編集上の表題で英訳出版された。

スウェーデンボルグの父は、聖職の最高位までのぼりつめた神学者であり教育者であった。教会や学校の旧弊の改善に示した、彼の頑固なまでの信念は広く知られていた。そればかりでなく、彼は天使や霊の存在を信じるシャーマニスティックな素質をもっていた。牧師として就任する前夜に、人気《ひとけ》のない村の教会堂から天使の歌声が聞こえたという。しかしその息子は、鉱山技師と科学者の道を選んだ。五度目の外国旅行の途についた五五歳になるまで、スウェーデンボルグが特別に神学問題に深入りしたり、神秘的な信仰体験をもったりした形跡はほとんど見出せない。

そのため、科学者から霊界の探訪者や神秘主義神学者への彼の転身は、一つの謎であった。突発的な霊感を得たため、すべての科学的研究を放棄して神秘的宗教家になったとか、統合失調症か偏執狂《パラノイア》にかかったために誇大妄想的な大部の神学著作を書いたとか、彼の転身に対する解釈はまちまちだった。しかし、長い心理学的な日記とも言える『夢日記』は、こうした飛躍的な解釈を許さない。この日記に私たちは、きちんと順序を踏んだ彼の転身への軌跡をたどることができるからである。

スウェーデンボルグは、当時の多くの科学者同様、国教だったルター派の敬虔なキリスト教信仰をもっていた。それは前に引用した『原理論』の最初の章にも表れている。また彼の幼年時代の回想、すなわち子供の頃絶えず信仰や救いのことを考えていたという体験や、ヨガの瞑想法のような呼吸の制御を子供の頃から自然に身につけていたという記述からも、それは推察できる。ただ彼は父とはちがい、時代の潮流に従って理性を重んじ、科学によって神の栄光を顕《あら》わしうると確信し、この道に邁進したのである。

しかし、霊魂を求める客観的な科学的・哲学的探索は、それ自体の限界を有している。物を観察する場合はともかく、観察の対象が観察する主体でもあるような心や精神の場合、科学的方法は必ずしも有効でないからである。まして、探究の目標が霊魂という心の深奥であれば、これは通常は意識化されないから、私たちの日常的な意識だけを研究対象としても限界がある。それゆえ、いわゆる帰納法と演繹法を駆使した、別言すれば観察と推理を究極まで推し進めたスウェーデンボルグの霊魂探究も、方法論的な限界に達したのである。

日記を見ると、『霊魂の王国』の著述に苦闘する彼の内面がよく分かる。

一七四四年三月二四日に彼はオランダのハーグにいたが、ホテルの部屋で自分が機械装置の車輪のスポーク（輻《や》）に巻き込まれて身動きのとれなくなった夢を見た。これを彼は、「子宮内の胎児の肺に関わる何か」を表すと解釈している。この直後、彼は『霊魂の王国』第二巻のエピローグを書き始めた。そこでは、誕生時の人間の肺の始原や、この始原が大脳に及ぼす影響という主題が扱われている。同じエピローグを執筆中に見た他の夢の中で、彼はおびただしい数の害虫を捕っている人を見たが、それを「私から根絶されるべき不純性」と解釈している。そのエピローグでは、人間を英知へと導く三つの動因として「経験、科学、明晰に思考する能力」が挙げられ、明晰に思考する能力がなければ経験も科学も「たんなる死せる力」にすぎない、と説かれる。そしてこの能力の獲得には、「肉体への気遣い、愛、世俗の誘惑から心を呼び戻す」必要がある、と結論づけられている。これらは一例にすぎないが、彼の夢とその解釈は、そのとき執筆中であった著作そのものと連動しているのである。

夢ばかりではない。彼はかなり強烈な心霊的な体験ももった。これは『夢日記』を付け始める三年前の五二歳頃から時おり体験され、『霊魂の支配領域の組織』の中にもこの体験が次のように記述されている。

また――私はそれがどこから来るのか知らないのだが――脳の聖なる神殿を貫いて放たれる、或る神秘な放射が存在する。こうして、或る種の理性的本性はそれ自身を開示し、霊魂がその刹那《せつな》にそれ自身の黄金時代の知的完全性へ立ち戻ったことを示すのである。（一九）

この他にも、彼はありありとした炎や光を数ヵ月にわたって幻視し、「執筆中の事柄に関する尋常でない啓発」を体験し、さらには「ほとんど感知しえない、鳴りを静めた呼吸」が自分の内部に起こるのを執筆中に観察している。これらの体験は、彼の無意識的な心の深層が徐々に開かれ、より深い思索が可能になったことを示すものと思われる。

こうした夢や異常な心身の状態は、時が経つにつれてますます重苦しく深刻なものになってゆく。それに従い、道徳や信仰に関わる心の奥底までが意識へと徐々に浮上し、彼は人生の目的や自己の救済についても苦悶するようになる。科学的探究をこのまま続けるべきなのか、それとも、もっと気高い仕事によって神に仕えるべきなのか。彼は失意と高揚感の間で逡巡した。性的な汚らわしい夢や、犬にかみつかれる重苦しい夢が続き、心が千々《ちぢ》に引き裂かれたかと思うと、光が射してきて神の恵みを感じることもあった。

彼は謙虚に自らの罪深さを告白している。自分は「他の誰にもまさって無価値であり、最大の罪人であり」「頭の天辺《てっぺん》から足の爪先《つまさき》まで不潔であり」「惨めな被造物である」と。恐怖と戦慄の中で彼は神に向かって、「汝の御心のままに。我は汝のものにして我自身のものにあらず」と祈る。彼の生活は中世の修道僧を髣髴とさせる。彼は聖書を読み、祈り、断食をし、幼い頃に覚えた讃美歌を口ずさんだ。時には殉教のことさえ考えた。それは、真の知恵のためには自分の得た科学の全知識を放棄してもかまわぬという、知への殉教であった。

彼の試練のハイライトは、イエス・キリストの幻視である。一七四四年四月六日から七日にかけての日記には、「N.B. N.B. N.B.」(N.Bはラテン語で、注意・注目の意味の略語)と記している。これは、それが彼にとって重要な出来事だったことを意味する。オランダのデルフトのホテルでの出来事だった。その晩、彼は夜一〇時に床に就いた。床で旧約聖書を読み、その中でモーセの行なった奇跡の箇所に来たとき、彼の心の中で奇跡を信じる信仰心と信じない理解力とが争った。彼は「天使たちは羊飼いという素朴な人びとに現れたのであり、理解力に関わるような哲学者たちには現れなかった」と思った。しかしすぐに動揺した。そしてこの試練は劇的な回転を見せる。スウェーデンボルグはこう続けている。

半時間後、私は頭の下のほうに物音を聞いた。それで私は、試みる者がそのときに去ったのだ、と思った。ただちに頭から全身にかけて、すさまじい轟音を伴った強烈な震えが襲った。それで私は、何か聖なるものが私を制しているのだ、と思った。それから眠りに就いたが、真夜中すぎに、またしても強烈な震えが全身を襲った。それは、多くの風が互いに衝突しながら吹きつけたかのような轟音を伴い、私は強い衝撃を受けた。私は突っ伏したまま投げ倒され、投げ倒されたまさにその瞬間に完全にめざめ、自分が投げ倒されたのだと分かった。私はこの出来事が何を意味するのかといぶかり、あたかもめざめているかのように独りごとを言った。「おお、全能者イエス・キリストよ。汝はその偉大なる慈悲をもて、かくも大いなる罪人のもとへ来り給う。我をこの恩寵に値するものとなし給え」。私は両手を組み合わせて祈った。するとそのとき、手が差し出されて、私の手を堅く握った。そこで私は、ただちに祈りを続けて、「汝は恩寵によりすべての罪人を受け容れると約束し給うた。汝は汝の言葉を守るほかの何事をも為し給い得ず」と言った。その刹那、私は彼の胸元にいて、彼と顔を見合わせた。それは聖なる雰囲気に包まれた容貌だったが、そのすべては記述不能のものであった。私は震えながらめざめた。

こうした信仰の試練と救いの体験を幾度も繰り返しながら、スウェーデンボルグは一七四四年四月三〇日から五月一日にかけての深夜に、自分の信仰をこう要約している。

要諦（summa summarum）

一、私たちが救われるのは恩寵によってのみである。

二、恩寵はその主権者たるイエス・キリストの中にある。

三、救済の促進はキリストの内なる神への愛による。

四、人はそのとき、イエスの霊によって導かれることをみずからに許容する。
五、私たち自身に由来する、いっさいのものは死んでおり、罪と、永遠の断罪に値するもの以外の何ものでもない。
六、なぜなら、どんな善も主以外には由来しないからである。

たんなる神学研究によるのではない、彼のこうした生身の人間としての実体験に根差す信仰は、後半生に書かれた三〇巻に及ぶ神学著作群を貫く堅固な中核《コア》として生きている。

心霊的な能力の面でも、その能力の急速な発現を思わせる記述が『夢日記』に散見される。イエスが顕現した夢のあと、四月一〇日に彼は「さらに深く霊の中へ」入った。一三日には、神の恩寵についての思いに浸っているとき、彼は自分の思考が「赤い色に光り出した」のを幻視した。赤い色とは神の恩寵のしるしだと彼は考えた。一九日には、「通常とはまったく異なった種類の睡眠」中、「睡眠でも覚醒でも法悦でもない状態における幻視」を体験し、二五日には「睡眠でも覚醒でもないような奇妙なトランス」状態の中に約一一時間もいた。七月二二日の朝、眠りからさめた直後に彼は、大気が黄金で満ちているのを幻視した。これらの異常な精神状態を私たちが理解するのは困難だが、彼の心霊的な素質の急激な発現と見なすことはできよう。

九月二三日の夜の出来事は、完全な覚醒状態においてひとりの霊が話すのを彼が聞いた、最初の体験であると思われる。この日、彼は『霊魂の王国』の「触覚」に関する章を脱稿した。その夜の出来事は日記にこう記されている。

日曜日だった。就寝前、自分が書こうとしていた主題に関して力強い思考の中にいた。そのとき私は、「黙れ、さもないとぶんなぐるぞ」と言われた。すると、氷の塊《かたまり》の上に座っている人影が見えた。私は恐れた。自分が幻視の中にいるかのようだった。私は思考を続けようとしたが、いつもの震えが襲ってきた。それは多分、日曜日や夕方には、そんなに遅くまで研究を続けるべきではない、ということを意味しているのだろう。

この出来事についてのスウェーデンボルグの解釈は重要ではない。重要なのは、彼がほぼ覚醒した状態の中で、個別の「霊」が話すのを聞いた最初の体験と考えられる点である。『夢日記』が発見され、翌一八五九年に出版されたとき、その内容は物議をかもし、多くの人びとは、この日記こそスウェーデンボルグの狂気の発端を証明するものと見なした。たしかにスウェーデンボルグは、こうした心身の、また心霊的な異常な体験にさらされて大いに動揺した。暴風雨の海で、船があちこちに運び去られ、浸水して沈没しそうになっているようなものであった。聖職者でもなく、神学も特に学んでもいなかった彼がすがることができたものは、自然界を探究して霊魂を突きとめるのだという強い信念と、父親譲りの体験的な信仰だけであった。この心身の異常な状態のただ中でさえ、彼は科学者としての冷静さを堅持し、それを日常の生活や公表した科学的著作において十分に立証したという事実は忘れられてはならない。

今や、彼自身の開かれつつあった霊的能力や純化された体験的信仰と結びついた「霊魂」探究は、難局を打破し新たな方向に進展しつつあった。解剖学・生理学・心理学の研究の続行を断念し、彼はみずからの心の深奥に垣間見た「霊魂」の実体に、呼吸の制御、内省、祈りという内なる道によって肉薄していったのである。

2　神学者への転身

彼はこののち三〇年にも及ぶ霊界との交流状態に進んでいくのだが、現在でいう臨死体験や死後生存に関わると思われる夢も記されている。その夢は、一連の重苦しい夢や心霊的体験が続いたあと、九月二九日から三〇日にかけての深夜に見られた。

……私はどこでもとうてい見られないような、きわめて美しい宮殿の切妻壁と、その向こうに太陽のような輝きを見た。その宮殿内の共同体において、「死んで、甦った人以外、誰もなったことのない不死の人びとの仲間にあなたも加わるべきだ、という決議がなされました」と私に語りかける声が聞こえた。「そのような不死の仲間は（今までにも）何人かいました」と話す者もいた。……あとで、或る者が、「一〇時にあなたを訪問したい」と言った。彼は私がどこに住んでいるのか知らなかった。そのとき私は、「私はあの宮殿の切妻壁の内側（の共同体）に住んでいると思う」と答えた。

彼の夢に現れた「宮殿」と、それをとりまく「太陽のような輝き」という言葉に注意したい。また、彼に語られた「死んで甦った」とか「不死の人びと」という言葉にも注意したい。この特異な夢の内容が臨死体験や、彼がまもなく入っていく他界と何らかの関係を有すると思われるからである。

この不死の人びとが住む宮殿を、彼はそれ以前にも夢に見ている。三ヵ月半前の六月一六日の夢は、こう記録されている。

……果樹園から少し離れた場所に、私は、翼棟をもった、大きくてきわめて美しい宮殿を見た。その果樹園と堀との眺望をいつも得られるように、私はそこに宿をとりたいと願っているようだった。このことは、私が日曜日に、壮麗な果樹園によって意味される霊的なものの中にいたがっていたということを意味している。

この五日後の六月二一日の夢では、彼はこの宮殿内に住む人びとに言及して、こう記している。

私がそこの共同体に、あるいはその共同体のメンバーの一人に受け入れられるべきかどうかについて、審議が行われているように思われた。

このほかにも、九月二九日より前に、この宮殿は断続的に彼の夢に現れている。『夢日記』が記された一七四五年に、スウェーデンボルグはロンドンで『霊魂の王国』第三巻を出版した。これは彼の最後の科学的著作となった。この出版と前後して彼はまた『神の崇拝と神の愛』(*De Cultu et Amore Dei*)の第一部・第二部を出版している。

これは宇宙と人類の創造を主題にした一種の文学的作品である。この特殊な著作は、『原理論』の宇宙の科学的研究と聖書の「創世記」の創世神話を自由に結びあわせて、文学的な想像力を駆使して一気に書き上げた壮大な叙事詩である。彼によればこれは「生気を与える霊としての神とともにある全宇宙を描き出す」作品である。

この著作は彼の転身期を代表するもので、以後の神学著作群の先触れとなっている。話は少し飛ぶが、二〇〇五年に彼のほぼ全部の手書き草稿が世界記憶遺産に登録されたとき、その申請に尽力した一人にインゲ・イョンソン(Inge Jonsson)博士(ストックホルム大学学長を務めた)がいる。博士はヨーロッパの文学と思想の研究者として著名だが、スウェーデンボルグの研究者としても『神の崇拝と神の愛』に大きな関心を寄せ研究している。これについて詳しくここで触れる余裕はないが、スウェーデンボルグはこの著作の中で「究極的で最も聖なる目的」に向かって進展する「必然性と最深の確実性とをもつ宇宙」を描いている。

この著作の第三部は校正刷りや草稿のまま残され、結局その出版は放棄された。そのときスウェーデンボルグはもう五七歳になっていた。一七四五年の春に前述の五冊の本の出版を終え、彼は七月に二年ぶりにストックホルムに帰っている。

この帰途に就く直前の四月に、スウェーデンボルグの霊的なすべての感覚が完全な形で開かれたことを示すと思われる出来事が起こった。彼自身、自分が聖書の真の意味を世間に啓示すべくイエス・キリストによって召命されたのは一七四五年四月である、と明言している。後世に伝わるこの召命に関する唯一の詳細な証言は、スウェーデンボルグの友人の銀行家カール・ロブサーム（Carl Robsahm）によるもので、ロブサームは本人からこれを聞いたと語っている。スウェーデンボルグは次のように言ったという。


ロンドンにいた或る日、私はよく食事にかよったホテルでいくらか遅い昼食をとっていました。食事が済んだ頃、私は眼前の何か薄暗いものに気づきました。すると、それはますます暗くなり、床が蛇や蛙のような、おぞましい這う動物たちで覆われてゆくのが見えました。私は肝をつぶしました。それというのも、私は確かに意識もはっきりしており、そのうえ明晰な思考ももっていたからです。ついにその暗闇が行き渡り、そして突然それが消えたとき、部屋の片隅にひとりの人が立っているのが見えました。そのとき私はひとりだったので、彼の言葉に非常に驚きました。というのは、彼が「食べすぎるな」と言ったからです。目の前が再び真っ暗になりましたが、ただちに暗闇は消失して、私は自分が部屋にひとりいることが分かったのです。起こったことを十分に考えた結果、それを偶然の出来事とか、何か生理的な錯覚のようなものと見なすことはできませんでした。私は家（ロンドンの宿）に帰りましたが、その夜、その同じ人が再び私に現れたのです。私は今度は恐れませんでした。彼は「私は主なる神、世界の創造主にして贖罪主である。人びとに聖書の霊的内容を啓示するために汝を選んだ。この主題に関して何を書くべきかを汝に示そう」と語りました。そしてその夜、霊たちの世界や地獄および天界が、はっきりと私に開かれたのです。私はそこで、生涯のあらゆる場面で出会った多くの知人たちと再会しました。そしてその日以来、私はいっさいの世俗的な著述活動を放棄し、私の研究を霊的な事柄に捧げたのです。

（R・L・ターフェル『文書集録』I）

ここでスウェーデンボルグに現れた人がイエスであることは明白だが、彼が「食べすぎるな」と言ったことについては従来議論があった。これは食の不節制を戒められたものではないであろう。おそらく、貪欲に求め続けようとした科学的知識について、過分にそれを求めるのをやめて、もっと神的な導きに委ねよ、と諭されたものと思われる。

この召命体験のあと、彼はストックホルムに帰って鉱山局の仕事に戻った。昼は冶金学の問題について論じたり、鉱山業者間の争議を調停したりして監査官の義務を果たし、夜はヘブライ語を学び直して聖書を読み、その語句の索引作りに没頭した。

帰国して二年を経た一七四七年の六月に、鉱山局は彼を首席評議員に指名したいと国王フレデリック一世（在位一七二〇―五一年）に申し出た。これが研究の妨げになるのを懸念したスウェーデンボルグは、退職の決意を固め、国王に書簡を送った。この書簡にはこう書かれてあった。

私は、現在従事している著作を完成させることが自分に課せられた義務と感じておりますゆえ、国王陛下に対し謹んで、私の代わりに他の方を選ばれますようお願い申し上げます。そして、私にどんな高位もお与え下さることなく、慈悲深くも私を務めから解き放って下さいますように。（ターフェル、前掲書）

国王はこの要望を受諾し、スウェーデンボルグが給与の半額を継続して受け取れるよう配慮をした。公的議事録には、「王立鉱山局の全評議員はかくも貴重な同僚を失うことを愛惜した」とある。彼が鉱山局に勤務したのはおよそ三〇年であった。

3　後半生のおもな事績と著作

スウェーデンボルグの後半生は一般に「神学的時期」または「宗教的時期」と呼ばれる。それは、鉱山局を退職し、最初の神学著作『天界の秘義』の最初の巻を出版すべくロンドンに向けて旅立った一七四八年（六〇歳）に始まる。

最初で最大の神学著作の著述は、一七四八年一一月に着手された。召命体験（一七四五年四月）から三年七ヵ月を経ていたが、この間に厖大な分量の聖書研究書を執筆した。遺稿として後年に出版された『聖書索引』『アドヴァーサリア』であり、いずれもラテン語で書かれた。前者は、自分自身の使用のために入念に仕上げた聖書全巻の主題別、項目別の索引である。後者は、旧約聖書の逐語的な講解（釈義）書であり、形式上は『天界の秘義』の習作と言えるが、『天界の秘義』と較べると、質的には霊的な啓発の度合いにおいてはるかに劣っている。

『夢日記』に見られたような夢や、超常的で心霊的な出来事の観察と省察の記録は、備忘録や聖書の余白などへの書き込みとして残された。公刊する意図のなかったこれらの記録は、死後に遺稿として『霊界日記』という表題で編集・出版された。こうした私的な日記は、一七六五年（七七歳）まで約二〇年間にわたって記されている。この事実は、スウェーデンボルグが、科学的著作を執筆したのと同じような学問的な精神をもって精力的に神学著作も書きつづけたことを立証している。彼は多くの心霊家や、現代の新興宗教の教祖に見られるような、突発的な霊感や神がかりによって霊感づけられた空虚な神秘家ではけっしてない。倦むことを知らぬ熱意と勤勉さは、神学者に転身してからも少しも変わることはなかったのである。

以下、後半生の主要著作の出版とおもな出来事について概観しよう。

『天界の秘義』は一七五六年（六八歳）まで、ストックホルムの自宅で執筆され、ロンドンで出版された。全八巻の大著（邦訳書では柳瀬芳意訳の版で全二八巻）の中に、スウェーデンボルグの聖書解釈とその神学全体の堅固な基礎と、霊的世界の縦横多彩な情報が収められている。

一七五七年（六九歳）は、スウェーデンボルグが説く「最後の審判」が霊界で丸一年かけて起こった年である。

一七五八年（七〇歳）には、「ロンドン五部作」と呼ばれる、『宇宙間の諸地球』『天界と地獄』『最後の審判』『新エルサレムとその天界の教理』『黙示録の白馬』が出版された。この年、『黙示録講解』（遺稿）が書きはじめられたが、完成直前で放棄された。これらの著作は、『最後の審判』などに霊界の新しい情報が付加された部分もあるが、一般の読者の便をはかるために最初の著作『天界の秘義』をテーマ別に分かりやすくまとめたものである。

一七五九年（七一歳）七月、ロンドンからの帰途、帆船でスウェーデンの西海岸の大都市イェーテボリに着いたが、その夜、数百キロメートル離れたストックホルムの大火を透視した。この千里眼事件の噂は全ヨーロッパを駆けめぐり、若きドイツの哲学者カントは尋常でない関心

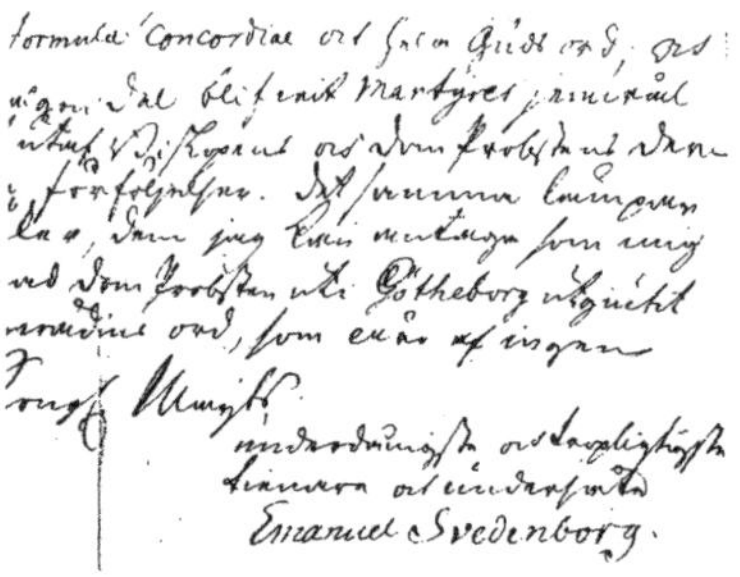

図18　国王フレデリック宛のスウェーデンボルグの手紙の末尾

を寄せ、一七六六年『視霊者の夢』を出版した。これについては4で論じる。

一七六三年（七五歳）には、旧約聖書の預言書と詩篇の「内なる霊的意味」の概要を書き終えた（出版はされず遺稿となった）。『続・最後の審判』『神の愛と知恵』も同年に出版された。

一七六四年（七六歳）に『神の摂理』を出版。一七六六年（七八歳）に『啓示された黙示録』を出版した。

一七六八年（八〇歳）にアムステルダムで『結婚愛』を出版し、この著作で初めて実名を明かした。それ以前の著作はすべて匿名であった。この頃、一連の神学著作の異端裁判が起こった。イェーテボリ在住の二人の弟子、ベイエル、ローセン両博士が迫害を受けた。一七七〇年（八二歳）、両博士とみずからへの迫害が激化し、スウェーデンボルグは国王フレデリックに手紙で苦情を訴えた（図18）。二人の弟子への迫害はやんだが、裁判そのものは紛糾した。嫌気がさしたスウェーデンボルグは、弁明のために最後の神学著作『真のキリスト教』を執筆し、故国を離れた。

一七七一年（八三歳）六月、アムステルダムで『真のキリスト教』を出版し、九月、ロンドンへ行き、かつら職人シアスミスのもとに宿をとった。クリスマスの頃に脳梗塞の軽い発作を起こしたが回復した。

一七七二年、ロンドンで、メソジスト教会の創立者ジョン・ウェスレーに手紙を書き、自分の死を予告した。三月二九日、予告どおりにシアスミス家で同家の家政婦に看取られて静かに息をひきとった。享年八四、生涯独身であった。

一三六年を経た一九〇八年、スウェーデン政府は巡洋艦を派遣し遺骸を引き取り、祖国の偉人たちの眠るウプサラ大聖堂の墓所に安置した。一九一〇年に、国王グスターヴ五世が後援した国際スウェーデンボルグ学会がロンドンで開催され、日本からは若き鈴木大拙が出席している。

今世紀、二〇〇五年に、スウェーデンボルグの著作・遺稿の手書き草稿のほぼ全部（四折判で約四万ページ）と書簡類が、「スウェーデンボルグ・コレクション」の名のもとに「ユネスコ世界記憶遺産」に登録された。現時点（令和三年）でスウェーデン政府が提出し認定された「記憶遺産」は、A・ノーベル（ノーベル賞基金の提唱者）、I・ベルイマン（舞台・映画監督）、D・ハマーショルド（国連事務総長）のアーカイブなど七点であるが、スウェーデンボルグのものが最初である。選定の理由は二つある。一つは、彼の厖大な著作群が一八世紀の西欧の科学と宗教の両方を反映していること、いま一つは、彼の聖書解釈が新たな地平を切り拓き、後世のキリスト教会に多大な影響を及ぼしていることである。今後、スウェーデンボルグの超宗教・超教派的な霊的思想が世界に浸透してゆくことが期待されている。遺骸はロンドンのスウェーデン教会に埋葬された。

図19　スウェーデン巡洋艦の甲板に置かれた、スウェーデンボルグの遺骸の容れてあるひつぎ

図20　ウプサラ大聖堂の石棺に描かれたスウェーデンボルグ

図21　スウェーデンボルグの石棺

図22　ウプサラ大聖堂

スウェーデンボルグには「神秘」「霊界」「心霊」という言葉がつきまとい、本書で紹介した彼の深遠で高邁な思想はまだ人口に膾炙《かいしゃ》しているとは言いがたい。特に誤解や曲解にさらされているのが、彼の思想が神智学、R・シュタイナーの人智学、SPRを含む心霊科学、ヤコブ・ベーメやG・フォックスらの神秘主義——これらと密接に関わるという誤解である。ここで詳しく論ずる余裕はないので結論だけ言えば、これらとスウェーデンボルグの思想とは一線を画さなくてはならない、と私は考えている。何の関係もないとは言わないが、両者のあいだには相当な隔たりがあると思う。

スウェーデンボルグにいわゆる超能力ないし霊能力があったことは、事実である。しかし一般に、彼のこうした能力は、解釈者の偏向した意向で誇張されたり矮小化されたり、完全に無視されたりした。ここで大切なことは、スウェーデンボルグ自身がこうした非日常的で特異な能力を可能な限り秘匿したという事実である。彼は万事において人間が本来もっている理性や良識に基づいて語り行動したのである。その神学上の論敵でさえ、彼の紳士としての礼節や高邁な人格を非難したことはなかった、と言われている。

ここでは、スウェーデンボルグの心霊的な側面が浮彫りになった事件の一つである、哲学者イマヌエル・カント（Immanuel Kant）による千里眼批判に的を絞って手短に論じてみたい。

前述の友人の銀行家ロブサームは或る折スウェーデンボルグに、一般の人びとにも他界との交信・交流が可能かどうかを尋ねた。そのときの彼の答えは次のようなものであった。

こうした交流は狂気へ直通する道ですから、注意してください。というのは、人間に隠されている霊的な事柄を注視する状態において、人間は地獄の妄想からみずからを引き離しておく方法を知らないうえ、そうした妄想は、人間が自分の把握を超えた天界の事柄をひとりよがりの思索によって発見しようとすると、その人間を混乱させてしまうからです。あなたは、不必要な探究によって自分を見失ってしまう神学生や、とりわけそうしたことをしたがる神学者たちが、どれほどしばしば理解力を損なうことになったかを、十分ご存じでしょう

（ターフェル、前掲書）

およそ八年をかけて『天界の秘義』全八巻をロンドンで出版した二年後、今や七〇歳になったスウェーデンボルグは、またロンドンへ旅立った。それは「ロンドン五部作」と呼ばれた『天界と地獄』など五冊の著作の出版のためであった。これを成し遂げた一年後、一七五九年七月に、彼は帆船に乗って帰途に就いた。船はスウェーデン西海岸の都市イェーテボリの港に着いた。そこでスウェーデンボルグは同市の商人だった友人ウィリアム・カーステルの家の夕食会に招待された。現在はサールグレン家となって残るカーステルの家には、ほかにも一五人の客が招かれていた。

その日、七月一九日の土曜日の夕刻、会食中にスウェーデンボルグは極度に興奮し、顔面が蒼

図23　ウィリアム・カーステルの家（現在のサールグレン家）

図24　イェーテボリ

白となった。落ち着かない様子に一同はすぐに気づいた。スウェーデンボルグは不安と焦燥に満ちて席を立ち、騒然となった一同に向かって、

「大変なことだ。今、ストックホルムで大火災が猛威を振るっている！」

と告げた。会場はただならぬ緊迫感に包まれた。彼は取り乱した様子で外へ出て、戻って来ると、友人のひとりに向かって、

「あなたの家はもう灰になった。私の家も危険だ」

と言った。そしてその夜の八時ころ、もう一度外へ出て戻った彼は、

「ありがたい！　火は私の家から三軒目で消えた」

と大声で叫んだのである。

その夜、来客のひとりが州知事にこの騒動のことを話したため、翌日、知事の依頼に応じてスウェーデンボルグは火事の詳細を語った。火事の起きた二日後の月曜日に、通商局の役人が所要のためにストックホルムからイェーテボリに到着した。両都市は四〇〇キロメートル以上も離れていたのだが、この役人の火災報告とスウェーデンボルグの語った内容は薄気味悪いほど一致していたのである。

この事件は霊界の出来事ではなく、何人もの人びとが目撃した地上での出来事であった点に注意したい。時は一七五九年七月一九日の夕刻から夜にかけて、場所はイェーテボリ市北港町通り一四―一六番地、現在のサールグレン家が舞台であった。電信も電話も存在しない時代ゆえ、イェーテボリとストックホルム間の往来は早馬を駆っても片道二日くらいは要したのである。ストックホルムの南側の地区の、ほとんどが木造の建物に火が猛威を振るった様子、しかもそれがスウェーデンボルグの家の数十メートル先で鎮火したというピンポイントの情報をリアルタイムで得ることなどは、とうてい不可能である。

たしかにこうした透視・テレパシー・念力などの超常現象（psi サイと呼ばれる）を研究する人びとは存在するし、千里眼という言葉にしても、仏教や道教の書物にも多く見られる。そういう能力のもち主がいたかのように書かれている。私見だが、たとえそんな人がいたとしても、現代なら電話のほうがもっとすばやくもっと精確に伝えられる情報をたまたま誰かが何らかの尋常でない能力によって知って伝達したからどうだというのだろうか。未来予知や予言と同じく、こうした超自然的・奇跡的な事象に好奇心をもつのは人間の本性であろう。こうした事象へ傾斜しがちな精神に警告を発したスウェーデンボルグ当人が引き起こした千里眼事件が、後世の語り種《ぐさ》となったのは皮肉ではある。

ヨーロッパ中に知れ渡ったこの出来事に深い関心をいだいた若きカントは、かなり大がかりな調査を始めた。三九歳のカントが、その後援者の娘クノープロッホ嬢（カントは彼女の家庭教師だった）宛の手紙でこの事件の詳細な調査報告をしたのは、大火の四年後である。彼はその中で、スウェーデンボルグの千里眼は「何よりも強力な証明力をもち、およそ考えられるいっさいの疑念を一掃してしまうように思われる」（『視霊者の夢』B版収録のカントの手紙）と述べている。

この手紙の中でカントはまた、スウェーデンボルグに手紙を書き、自分の質問事項にスウェーデンボルグが新刊書の中で答えるという約束をとりつけた、とも述べている。カントの依頼を受け実際にスウェーデンボルグに会ったカントの友人の伝えるところによると、スウェーデンボルグは「理性的で、親切で、率直な」人物であったと言う。

ところが二年経っても、スウェーデンボルグが新刊書の中でカントの質問に答えた形跡はなく（おそらく単純な失念と思われる）、またスウェーデンボルグの著作を送るという前述の友人の約束も果たされなかった。苛立ったカントは八巻もの分厚い『天界の秘義』をみずから買い込んで読み、一七六六年にスウェーデンボルグへの批判著『視霊者の夢』（*Träume eines Geistersehers*）の出版に踏み切ったのである。実際にカントはこの中で、読者へのサービスだとして『天界の秘義』の忠実な要約の一部をコメントなしで紹介している（とはいえ、大部の著作の全巻を読んだとはとうてい思えない）。著作全体は半ば風刺的で、半ば本気といった調子で、論述が紛糾している。

図25　若きカント

カントの批判の痛烈さは、次のような言葉に現れている。「この著者の大著はナンセンスに満ち」「完全に空《から》で理性の一滴も含まない」。実際、カント学者K・フィッシャーは『視霊者の夢』を評して、カントにとって形而上学とスウェーデンボルグは「一撃でぴしゃりと殺されるべき二匹のハエ」だった、と述べている（E. F. Görwitzによる『視霊者の夢』英訳版の序言）。

しかしカントは、表面上はともかく、スウェーデンボルグの心霊能力や思想に対してのみならず、霊的な存在一般に対して終始、両面価値的《アンビヴァレント》な態度を見せている。すなわち、カント自身、超自然的なものをどう処理してよいか、まだ確信がもてなかったのである。だからこそカントは、スウェーデンボルグの「大著は理性の一滴も含まない。それにもかかわらず、その中には、同様の対象に関して理性の最も精密な思弁がなしうる思考との、驚くべき一致が見られる」（『視霊者の夢』B版）と述べざるをえなかったのである。この批判書において彼はまた、スウェーデンボルグの千里眼に関して、「真実であるという完全な証明が容易に与えられるに違いない種類」の出来事である、と明言している。

その思索の方法は異なるものの、カントの哲学とスウェーデンボルグの思想には、叡知界と感性界（スウェーデンボルグでは霊界と自然界）という二世界の分立、時間と空間の観念性、霊魂の不死に関する思索、宗教における道徳性の強調などの点で、本質的に共通している部分がある。両者ともに霊魂の不死を信じているのはたしかである。

カントは『視霊者の夢』出版の四年後、ケーニヒスベルク大学の教授になり、そののち一〇年以上の長い沈黙期間を経て『純粋理性批判』を出版し、不動の名声を確立した。この沈黙の期間の講義で彼が再びスウェーデンボルグに言及し、次のように評したことは注目に値しよう。

スウェーデンボルグの思想は崇高である。霊界は特別な、実在的宇宙を構成しており、この実在的宇宙は感性界から区別されねばならない叡知界である、と彼は述べている。

（K・ペーリッツ編『カントの形而上学講義』）

スウェーデンボルグの著作や草稿・書簡類の中には、カントの名や言及は一言もない。これは彼らの年齢差にもよるが、私見だが、スウェーデンボルグは約束どおりカントに新刊書の中で答えたのだが（それはおそらく『神の愛と知恵』においてであると推測される）、それは特にカントを意識して書かれたものでないために、カントが一方的に苛立ったものであろう。苛立ちは、逆に言えば、カント自身のスウェーデンボルグへの複雑な愛着を意味していると思われる。

二〇世紀に入ると、C・G・ユングがスウェーデンボルグの千里眼に注目した。医学生の頃にスウェーデンボルグの分厚い七巻の書物を読んだユングは、物理学者W・パウリとの共著『自然の解明と精神《プシュケー》』(*Naturerklärung und Psyche*, Zürich, 1952) において、自分の「共時性《シンクロニシティ》」理論の例証として、前述のストックホルムの大火の件を引き合いに出し、こう述べている。

……ストックホルムにおいて火事が起こっているという幻視がスウェーデンボルグの内に起こったとき、その二者間に何も証明できるようなもの、あるいは考えられるようなつながりすらもないのに、その時そこで実際に火事がいかり狂っていた。……彼を「絶対知識」に接近させた意識閾《いき》の低下が存在したと、われわれは想像する。ある意味で、ストックホルムにおける火事は、彼の心の内でも燃えていた。無意識の精神にとって空間と時間は相対的であるように思われる。つまり、空間はもはや空間でなく、また時間はもはや時間でないような時－空連続体の中で、知識はそれ自身を見出すのである。それゆえ、無意識が、意識の方向にポテンシャルを保ち、発展させるならば、そのとき、並行事象が知覚されたり「知られ」たりすることは可能である。

（河合隼雄・村上陽一郎訳『自然現象と心の構造』海鳴社、一九七六年）

ユングは因果律の原理を認めながらも、意味深い偶然の一致という現象を説明するために「非因果的」でしかも「同時的な」二事象間を関連づける原理、すなわち「共時性」を導入した。「共時性」は一つの仮説だが、スウェーデンボルグの千里眼を容認しつつも結局その説明ができなかったカントと異なり、ともかくこの千里眼の学問的な説明を試みたという意義は大きいと思われる。なお、「共時性」の概念はスウェーデンボルグの「照応」の概念に近接している。

付録1　用語解説（五十音順）

スウェーデンボルグは、自説を表現するためには従来の宗教・哲学・神学の言葉だけでは不十分であると考えた。それで、できる限り伝統的な言葉を温存しながら、独自の意味を加えた用語も使っている。以下、そうした用語を簡潔に解説する。

愛

愛は生命の本質的要素である。愛は人間の意志・意図・意欲・欲求・情愛・感情などの根源を成し、愛のあり方が各人の生命の性質を決定する。人間が本来有すべき善き愛は「神への愛」や「隣人愛」である。これに対立する悪しき愛は「自己愛」や「世俗愛」である。隣人愛は仁愛とも呼ばれるが、これは慈善のような外面的善行を意味しない。またスウェーデンボルグは、愛を信仰と対比させ、信仰の生命は愛だと言う。

悪

人間に固有な能力である、合理性と自由の濫用に起源する。悪は善と真理に対立し、人間の内に地獄をつくる。悪と罪はほぼ同じ意味である。「真理・善」の項目も参照。

意志・理解力

人間の心の二つの根源的能力。意図・識別力とも訳される。意志は愛し、意欲し、意図し、欲求する能力の総称であり、理解力は物事の真偽・善悪を思考し、識別し、判断を下す知性的な能力の総称である。二つの能力のうち意志は根源的であり、理解力は派生的である。意志が腐敗しても、理解力は人間からけっして奪われることはない、つまり人間が悪や虚偽を実行する場合でも、悪や虚偽とは何かを知る能力は残るとされる。意志は自由の能力、理解力は合理的な能力とも呼ばれる。意志や意図が「思考」と対になって述べられることもあるが、この場合の「思考」は理解力とほぼ同じ意味である。

内なる人間・外なる人間（人間の内部・外部）

この対になった用語は、心と肉体を意味するものではなく、両方とも心に関連づけて使われる。内なる人間（または人間の内部）とは、他人を意識しないときに自分で自由に意欲したり考えたりする心を意味する。外なる人間（または人間の外部）とは、社会生活で他人の面前でとりつくろう外面的な心を意味する。「霊的な人間」「自然的な人間」の対比もほぼ同じ意味で使われる。

神

スウェーデンボルグは神を全知・全能の無限の存在者とし、人間と世界の創造・維持・救済を行う創造主・救済主であるとする。伝統的なユダヤ教・キリスト教・イスラム教の神と共通する、唯一神・人格神でもある。スウェーデンボルグの神観の独自性は、神が唯一の無限の「生命」であること（人間はこの無限な生命を受容する、有限な「器《うつわ》」である）、その無限の生命の本質が無限の「愛」と「知恵」であることである。もう一つは、救済主（救済神）がイエス・キリストである点である。スウェーデンボルグが端的に「主」と呼ぶこの神は、キリスト教でいう「父・子・聖霊」の「子」なる神と同じ神ではない。三位一体論や贖罪論については、キリストの「神性」と「人間性」の解釈と救済の仕方をめぐって、長い論争があり、現在も紛糾している。スウェーデンボルグは、イエス・キリストを「主」と呼び、この主の中に、霊魂が肉体の内に宿るように、父なる神が宿り、また主をとおして神的な活動である聖霊が発出すると言う。人間の霊魂（心と言ってもよい）と体とその活動が一人格の三つの側面であるように、唯一神の三つの側面が主の一人格の内で統一されているとされる。ただこのキリスト論は、複雑で深遠なもので、論ずるには多くのページを要するが、結論だけを述べれば以上のとおりである。

私たち日本人が厳密な定義もなく漠然と「神」や「仏」と呼ぶものは、スウェーデンボルグにとっても「神」である。なぜならキリスト教以外の神も、何らかの神的な本質や要素を分有すると見なしうるからである。たとえば神道の神々、仏教の仏たちも、何らかの神聖性を分有し、崇拝・信仰・信心の対象として、人間を善き生活に導く存在者と見なされる限り「神」である。逆にキリスト教の神や主であっても、それが誤って信じられれば、スウェーデンボルグの説く神や主とは言えないであろう。

虚偽↓「真理・善」を見よ。

合理性・自由

創造によって先天的に人間が有する根源的な二つの能力。合理性とは真で善いことを理解する知性的能力である。これは悪や虚偽とは何かをも考えることができる。自由とは真で善いことを行う意志の能力である。これも虚偽で悪しきことを行うことができる。この二つの能力は人間を人間たらしめる能力であり、決して消滅しないとされる。

地獄↓「霊界・天界・地獄」を見よ。

自然的なもの・霊的なもの・天的なもの

スウェーデンボルグの言う「自然」は私たちの一般的な理解とやや異なるので注意を要する。自然とは、内部に霊的なものを含まない、実在の外的な側面を指し、その意味では自然それ自体は「死んだもの」と見なされる。自然はつねに霊的なものによって不断に内部から生かされているために神々しく美しいが、自然そのものは実在の秩序の最外部を構成している。それゆえ、心に関して「自然的なもの」とは、その主たる関心が自分自身や世俗に向かい、霊的な真理を内省しない、心の最低の水準を意味する。「自然的なもの」の内部や上方にあって、これを秩序づけ生かすものが「霊的なもの」である。さらに、霊的なレベルの一段上にあるものが「天的なもの」と呼ばれる。これらは照応によって階層的な構造を成している。

主→「神」を見よ。

情愛

情愛は愛や意志に属し、愛に派生する。情愛は理解力や思考の根源である。したがって何かをたんに知ることと、情愛をもって知ることとは異なる。知識は情愛によって生かされる。

照応

照応とは、実在の階層を異にする事物、つまり神的なものと霊的なものとのあいだの、あるいは霊的なものと自然的なものとのあいだの、因果的で機能的な関係である。たとえば、自然界の何らかの物体、活動、現象が、何らかの霊的なものの結果として生起し、これに反応・適合・呼応・類似するとき、これら二つのものは照応するという。「愛とは温かい心だ」と私たちが語る場合、一つの心的な過程を、階層を異にする物理的な熱を引き合いに出して語っている。たんなる比喩や象徴も一種の照応と考えられるが、照応の概念は、もっと存在論的な概念であり、比喩や象徴とは区別される。

状態

この用語は特殊な意味合いで使用されるので注意が必要である。スウェーデンボルグによれば、霊的なものや霊界には空間と時間は存在せず、それに代わって、空間に照応する「状態」と、時間に照応する「状態の変化」が存在する。

新生

再生とも訳されるが、仏教の輪廻転生のことではない。人間が真理を知り、これをみずからの愛や意志のうちに体現して精神的に不断に向上することを意味する。現代の心理学の言う、自己の統合や全体性の実現へと徐々に向かう心的プロセスの概念に近い。

真理・善

人間が理解力に受容する神的な生命が全般的に真理と呼ばれ、意志に受容する生命が善と呼ばれる。真理は虚偽に、善は悪に、それぞれ対立する。また、真理は善が形をとったもの、善を条件づけるものである。善は意志に属し、真理は理解力に属する。善は自分自身を真理において見る。

聖言

普通は「神の言」のことだが、スウェーデンボルグは、純粋な照応によって記されたものだけを真の「神の言」としている。その意味で、聖書の各書のすべてが聖言ではない。聖書のうちでも、純粋な照応によって記された書物と、たんに有益な宗教文書にすぎない書物とが峻別される。聖言は、字づらの意味（外的、自然的意味）の内部に霊的意味（内的意味）を宿すとされる。新約聖書では四福音書と黙示録だけが聖言である。

生命

生命は肉体を生気づけ維持する生理学的な力以上の、人間の心や霊をも生かす力である。スウェーデンボルグによれば、人間は本質的には、生命そのものを何ら有さない。人間は、生命それ自体たる神より発現する生命の器、つまり受容体である。神的な生命の本質は愛と知恵であり、この神的な愛の人間の側での受容体が意志であり、また神的な知恵の受容体が理解力ないし思考である。意志に受容される生命は善、理解力に受容される生命は真理と、それぞれ総称される。

生命が正しく受容されなければ、善は悪に、真理は虚偽に、それぞれ変わることもありうる。

他界・他生↓「霊界・天界・地獄」を見よ。

天界↓「霊界・天界・地獄」を見よ。

天使↓「霊・天使・悪魔」を見よ。

人間の形態

神は「神人」であり、有限な人間の原型としての唯一の無限の「人間」である。これはスウェーデンボルグの根本教説である。それゆえ神の創った森羅万象は、人間も含めてすべて「人間の形態」をとって宇宙に存在する。この「形態」がたんに人体の形態でないことは、注意を要する。天界全体がこの「形態」をとったものが「普遍的人間」ないし「宇宙的人間」と呼ばれる。地獄も全体としてこの「形態」をとるが、それはいわば逆立ちし歪んでいる。

剥脱

霊たちの世界で人間の心の深層部が徐々にあらわになる過程で、善人からは表層的な悪が剥落し、悪人からは表層的な善が剥落すること。人間の優勢となった愛が徐々に鮮明になるプロセス。

役立ち

役に立つこと、有用性を意味する。スウェーデンボルグの重視した概念の一つで、役立ちは目的に仕える有用な活動であり、これは愛より知恵をとおして生み出される。役立ちは、活動している善、実践的な善である。健全な有機体において、全体は部分のために、部分は全体のために働くが、この働きに比較できる。

優勢となった愛

個人の生命の中核を占める愛のこと。この愛は大別して四つある。それは①神への愛、②隣人愛、③世俗愛、④自己愛である。この愛は人間が自由意志によって選びとった愛であり、人間の真の性格を決定し、死後もあまり変化しないとされる。「愛」を参照。

霊・天使・悪魔

人類の創造に先立って創られた神話的な、翼のある天使や角のはえた悪魔の存在は、スウェーデンボルグによって否定される。人間とは別種と見なされているこれらの存在者はすべて、かつて地上に生を受けて死んだ人間である。人間はみな、死後には霊となり、生前と類似した霊的な心身をもって霊界で永遠に生きる。ひとたび霊となると、輪廻転生のように地上に生まれ変わることはない。精神的に気高い霊は天使（天人と訳されることもある）、奈落的な性質の霊は悪霊ないし悪魔・悪鬼と呼ばれる。

霊界・天界・地獄

霊界とは、来世、他界、他生、つまり死後の人間が生きる世界のこと。地上で生まれて死んだ人間はみな霊界に入り、永久にそこに留まる。霊界は、天界・霊たちの世界・地獄の三領域に分かれ、各人がおもに生前形成した、宗教的、倫理的、知性的な性質に応じて住み分けられている。天界には天使、すなわち精神的に高次な霊が、地獄には低次で邪悪な霊が住む。霊界には空間や時間はなく、それに代わって生命の「状態」と生命の「状態の変化」があるが、外観的には、霊界は自然界と酷似しており、自然界と照応している。天界も地獄も、天使や悪魔の霊的な資質に応じて、それぞれが大別して三層に分かれ、しかも各層には、無数の社会ないし共同体が存在する。霊は自由意志によって自分にふさわしい社会で暮らす。

霊たちの世界

霊界とは異なる特殊な用語なので注意を要する。霊界の一部を成す、天界と地獄との中間に存在する領域。ここは自然界の人類と霊界の霊とが直接的に（——とはいえ双方が無意識的に）交流する場であり、通常、人間は死後、数日してこの世界に入ってゆく。ここで各人の優勢となった愛が明らかになって、各人は自由意志によって早晩、自発的に天界か地獄への各社会へと向かうとされる。

霊的なもの↓「自然的なもの」を見よ。

付録2　スウェーデンボルグ略年譜

一六八八年（0歳）	スウェーデンのストックホルムに生れる。父スヴェドベリは王室付牧師（後年、ウプサラ大学教授）。
一七〇九年（21歳）	ウプサラ大学卒業。
一七一〇年（22歳）	自然科学や機械工学の研修のために、英・独・仏・オランダに遊学。
一七一四年（26歳）	工学的発明のリストを作成。その中にグライダー型の航空機のデザインも含まれる（現在、その試作機が米国スミソニアン博物館に展示）。五年間の海外遊学より帰国。
一七一五年（27歳）	大発明家C・ポルヘムの助手となり、国王カルル一二世を訪問。
一七一六年（28歳）	スウェーデン王立鉱山局の臨時監査官（無給）に任命される。科学誌『北方の工人』を一七年まで出版。
一七一八年（30歳）	数学、月の運行による経度の発見法、惑星の運動等に関する著作を出版。北方戦争のさ中、軍船の陸上輸送の指揮を執り完遂。
一七一九年（31歳）	貴族に叙せられ、スヴェドベリからスウェーデンボルグと改姓し、終身貴族院議員となる。

一七二一年（33歳）	『自然事象の諸原理に関する先駆的試論』を出版。
一七二二年（34歳）	ドイツの鉱山を視察。採鉱法について書く。『さまざまな観察』をライプツィヒで出版。
一七二三年（35歳）	経済改革、圧延工場の設立などの請願書を国会へ提出。
一七二四年（36歳）	ウプサラ大学の数学の教授職を辞退。正規の監査官（有給）になる。
一七二五年（37歳）	霊魂と肉体の組織、宇宙論、解剖学などに関する論文を執筆。
一七三四年（46歳）	「星雲仮説」の先駆と見なされる論考（「プリンピキア」）を含む『哲学・冶金学論集』を出版し、ヨーロッパに科学者としての名声を確立すると同時に、銅や鉄の採鉱と製錬に関する当時の世界的な専門家の一人であることを確証した。
一七三六年（48歳）	四年に及ぶ外国滞在（独・オランダ・仏・伊）はじまる。
一七三七年（49歳）	パリの医科大学で解剖学を研究。
一七三八年（50歳）	イタリア各地を訪ねる。ローマで教皇クレメンス一二世に謁見。
一七四〇年（52歳）	解剖学・生理学の研究により「霊魂」を究める著作『霊魂の支配領域の組織』（第一巻）をアムステルダムで出版。帰国。
一七四一年（53歳）	『理性的心理学の序説』を執筆。『霊魂の支配領域の組織』（第二巻）を

	出版。
一七四三年（55歳）	外国旅行に出る。宗教的危機。『夢日記』（遺稿）記される。
一七四四年（56歳）	『霊魂の王国』（第一、二巻）をオランダのハーグで出版。『夢日記』継続。四月六日から七日にかけての夜間に、デルフトで、イエス・キリストの顕現という霊的体験。『象形文字の鍵』を執筆。
一七四五年（57歳）	『霊魂の王国』（第三巻）と『神の崇拝と神の愛』をロンドンで出版。旧約聖書の講解書『アドヴァーサリア』と『聖書索引』（共に遺稿）の著述をはじめる。
一七四七年（59歳）	ストックホルムの自宅で『アドヴァーサリア』の執筆完了。『霊界日記』（遺稿）をつけはじめる（―一七六七年まで継続）。鉱山局を退職。アムステルダムへ旅立つ。この頃、完全な霊的照明（啓発）を得たとされる。
一七四九年（61歳）	『天界の秘義』第一巻をロンドンで出版。以後、ほぼ毎年一巻ずつ出版を継続。
一七五六年（68歳）	『天界の秘義』第八巻を出版し、出版完了。
一七五八年（70歳）	ロンドンへ行き、『天界と地獄』『最後の審判』『新エルサレムとその天界の教理』などを出版。

一七五九年（71歳）	ロンドンからの帰途、イェーテボリでストックホルムの大火災を「透視」する。
一七六〇年（72歳）	通貨問題に関する請願書を国会に提出。
一七六三年（75歳）	『神の愛と知恵』をアムステルダムで出版。
一七六四年（76歳）	『神の摂理』出版。
一七六六年（78歳）	『啓示された黙示録』をアムステルダムで出版。ストックホルムの大火災の「透視」に言及した、I・カントの『視霊者の夢』が出版される。
一七六八年（80歳）	『結婚愛』をアムステルダムで出版。この頃、二人の弟子の異端裁判起こる。
一七七〇年（82歳）	異端裁判の紛争激化。フレデリック国王に直訴し調停をはかる。
一七七一年（83歳）	故国を去りロンドンへ向かう。途次アムステルダムで『真のキリスト教』を出版。ロンドンでシアスミス家のもとに宿をとる。
一七七二年（84歳）	J・ウェスレーに手紙を書いて予告した、三月二九日に死去。生涯独身。遺骸はロンドンのスウェーデン教会に埋葬される。
一九〇八年	スウェーデン政府、巡洋艦を派遣して遺骸を引き取り、ウプサラ大聖堂

	に安置。
一九一〇年	ロンドンで国際スウェーデンボルグ学会開催される。日本代表として若き鈴木大拙が出席。
二〇〇五年	著作と遺稿のほぼ全部の手書き草稿が「スウェーデンボルグ・コレクション」としてスウェーデンで最初の「ユネスコ世界記憶遺産」に登録される。

付録3　スウェーデンボルグへの評言集

神学界の革命家、天界地獄の遍歴者、霊界の偉人、神秘界の大王、古今独歩の千里眼、精力無比の学者、明敏透徹の科学者、出俗脱塵の高士、之《これ》を一身に集めたるをスウェーデンボルグとなす。

鈴木大拙

スウェーデンボルグの心は余の構想力を超えた心であった。……あの著しい人の余の思想に及ぼした影響は常に健全であった。

内村鑑三

スウェーデンボルグは愛の人である。世の人は、彼の不思議な超人間的な経験のみを知って、愛の使徒であることを知らない。……多くの人が、この愛の賢人を理解しないで、いたずらに異端視することは、文明にとって最大の損失である。

賀川豊彦

スウェーデンボルグはカリスマ的なタイプに属する真正の幻視者だった。……彼はけっして心霊家ではなく、彼における幻視的なカリスマ性の出現は、真正の預言者的召命体験に結びついている。

エルンスト・ベンツ（ドイツの神学者・教会史家）

私はスウェーデンボルグを、偉大な科学者として、また同時に偉大な神秘家として賞賛する。彼の生涯と著作に、ずっと私は大きな関心をいだいてきた。医学生の頃、私は彼の分厚い七巻もの著作を読んだのである。

カール・G・ユング

レオナルド・ダ・ヴィンチ以来、スウェーデンボルグのように多彩な能力と強力なインパクトをもつ幻視的な天才を、世界は眼にすることがなかった。

ジューン・シンガー（アメリカの精神分析学者）

スウェーデンボルグの聖堂は、われわれの家庭生活の中央に建っていた。

ヘンリー・ジェームズ（英国の小説家。兄ウィリアムは哲学者）

スウェーデンボルグは盲目の人びとの中のただ一人の目明きであり、人が理解できない言葉で叫ぶただ一人の弁士だった。……彼ほど肉体の牢獄への霊魂の圧迫を耐え忍んだ者はかつてなく、彼は二千年来の真のキリスト教の最大の戦士だった。

ヘレン・ケラー

私はスウェーデンボルグをどのカテゴリーに入れてよいかわからない。——哲人、見者、それとも神秘家なのか。これらのすべてだ、と私は思う。彼はみずからの個人的体験の基礎をふまえて現代の臨死体験《ニアデス》の発見を先取りしているようだ。……臨死体験者は実質的に死の入口を垣間見たにすぎない。スウェーデンボルグは死という家全体を探索したのだ。

ケネス・リング（アメリカ、コネティカット大学心理学教授）

スウェーデンボルグはなぜ綿密な考察に値するのか。それは偉大な詩人や散文作家たちが彼から自由にその思想を借り受けてきたという事実があるからだ。そのリストは長い。まず彼の霊的な直系であるウィリアム・ブレイク、次に（カントのように）スウェーデンボルグの熱烈な読者だったゲーテ、そしてエドガー・アラン・ポー、ボードレール、バルザック、ミツキエヴィチ、スウォヴァツキ、エマーソンと続く。……さらにリストはドストエフスキーまで続くが、彼の作品中に登場するスヴィドリガイロフの性格（『罪と罰』）や、ゾシマ長老の説教（『カラマーゾフの兄弟』）に、私たちはスウェーデンボルグの反映を見出す。

チェスワフ・ミウォシュ（一九八〇年度ノーベル文学賞受賞詩人）

スウェーデンボルグの魂は巨大であり、その全貌をとらえるには長い焦点距離を必要とする。……彼はいわば学問の世界に生きるミスリウムやマストドン（いずれも古生物の巨獣）の一つであり、凡百の学者たちを、大学ぐるみでいくらたばにしてみても、とうてい測りきれるものではない。

ラルフ・ウォルドー・エマーソン

霊的な知識の夜明けを告げる太陽の初光が地上に降りそそいだとき、その光は小さな人びとを照らす以前に、最大かつ至高の人間精神を照らし出した。精神性のかの山頂こそ、偉大な宗教の革新者、優れた洞察力のもち主、スウェーデンボルグであった。

コナン・ドイル（「シャーロック・ホームズ」シリーズの作家）

他生についての私の心を照らし出した唯一の光は、スウェーデンボルグの哲学の中に見出される。その哲学は、把握できなかった多くのことを解明している。

エリザベス・バレット・ブラウニング（英国の女流詩人）

道徳家としてスウェーデンボルグはどんな賛美をも超えている。また自然科学者、心理学者、神学者としての功績は、その道の専門家や哲学界からさまざまな点で大いに感謝と賞賛が与えられてしかるべきだ。

サミュエル・テイラー・コールリッジ（英国の詩人・批評家）

「北欧の仏陀」スウェーデンボルグの宗教は……高貴な精神が受容しうる唯一の宗教である。

（『ルイ・ランベール』中の主人公の言葉）
オノレ・ド・バルザック

偉大な人物。議論の余地なき教養人。強靭で、数学的知性をもち、すこぶる敬虔で天使のような資質のもち主であった。

トマス・カーライル（英国の批評家）

スウェーデンボルグは私のウェルギリウスとなり、地獄の中を導いてくれている。私は盲のように彼に従っていくのみだ。

アウグスト・ストリンドベリ（スウェーデンの劇作家）

私はこの革新的な科学者にして思想家であるスウェーデンボルグの著作と生涯に深甚な関心をいだいていることを表明したい。現代の機械工学・生物学・医学の進歩に多大な貢献をした彼は、二〇〇年前のパイオニアであった。

カルヴィン・クーリッジ（清廉な政治家として知られた、アメリカ第三〇代大統領）

スウェーデンボルグを読んだことのない人は誰であれ、一九世紀の神学を知ることはできない。

ヘンリー・ウォード・ビーチャー（アメリカの牧師、熱心な奴隷解放論者）

いわゆる「隻眼」の理性の時代に、スウェーデンボルグは、霊魂の眼と感覚の眼という両眼をもった、ごく少数の人間のひとりだった。科学的探究へのひたむきな献身によって彼は、アインシュタインやエディントンの二〇〇年も以前に科学の限界を発見した。しかし多くの霊魂の予言者たちとは異なり、彼は信仰の名のもとにある自然をけっしてみくびらなかった。彼にとって物質的・精神的宇宙は、無数の照応と、不連続的な階層の破れざる鎖とによって相互に結びついていた。

ウォルター・M・ホートン（ネオ・リベラリストとして知られる米国会衆派の神学者）

パスカルやスウェーデンボルグのような思想家を、精神分析用語の口軽な使用によって「説明し去ろう」とする幾多の試みは、合理主義が死に瀕し私たちを押し潰そうとしている時代に、私たちがこうした思想家の洞察をどれほど多く必要としているか、ということを示すだけである。

コリン・ウィルソン（『アウトサイダー』を書いた英国の作家）

私は狩猟のための狩猟を愛する。そして世の中には「スウェーデンボルグの神秘」を狩猟することよりも収獲の多い、また変化に富んだ狩猟は殆んど存在しないのである。

ポール・ヴァレリー（フランスの詩人・思想家）

エマヌエル・スウェーデンボルグの人柄と仕事に対し、私は最深の敬愛の念をもっている。私は彼の著作集からしばしば多くのことを学んできた。そのあまりに大きな主題について軽々しく語ることは不可能だ。

フィリップス・ブルックス
（アメリカ聖公会主教、クリスマスス・キャロル「ああベツレヘムよ」の作詞者）

＊　＊　＊　＊

エマヌエル・スウェーデンボルグ（ソネット――一四行詩）

外《ほか》に比するものなし、その気高き姿、
他《た》に交われども染まらず、
彼のみぞ知る秘めし名もて、
折ふし天使たちを呼び求めつつ。
万条の線の織りなす非情なる法則の数々、
神の創《つく》りし水晶の迷宮、
うとましくも生まれし邪悪なる快楽《けらく》の色模様、

世人に見えざるこれらの諸相、彼の眼に見ゆ。
天界しかり地獄も亦《また》しかり、あまた神機を秘めて、
我らの霊魂《たましい》に在りしこと、彼には明らかなり。
古《いにしえ》の希臘人《ギリシャびと》のごとく、彼は悟れり、
過ぎゆく日々は永遠《とわ》の鏡なることを。
冷やかに羅典語《ラテン》以《も》て挙げつらう、
この世の果てに起こらん必定の諸々《もろもろ》のこと。

（ボルヘス作、「見えざる存在者の証言」より。渡辺俊一訳）

ホルヘ・ルイス・ボルヘス（アルゼンチンの世界的詩人・作家・批評家）

あとがき

私は大学で西洋哲学を専攻し、卒業論文では「スウェーデンボルグの宗教思想」を、修士論文では「カントの宗教哲学」を取り上げた。

当時、スウェーデンボルグは心霊・神秘主義者と見做され、神学的にも異端者であるという偏見が支配的であった。研究資料は少なくその全容の把握は自分の能力を超えるものであった。

その後、大学院、大学教員時代を通し彼について学ぶにつれ、スウェーデンボルグの科学哲学の洞察の深さ宏大さにふれた。さらに彼の霊的世界への探求は生の根源世界へと眼差しを向けるよう導いてくれた。

一九八七年、私は初めて未來社からA・アクトンの研究書の翻訳を出版した。それは、『転身期のスウェーデンボリ（スウェーデンボルグ）――科学者・哲学者スウェーデンボリはいかにして神学者・啓示者になったかその手段に関する研究』であった。

一九八八年はスウェーデンボルグ生誕三〇〇年にあたり、この国際シンポジウムの記念の出版本が出され（英語版）これは一九九二年春秋社より『エマヌエル・スウェーデンボルグ――持続するヴィジョン』（日本語版監訳監修）として出版された。彼の人物と思想の全体像、各分野に及ぼされた影響、また彼の思想の有する現代的意義などをテーマにした欧米の論文が多数収録されている。またこの年、立て続けに五冊のスウェーデンボルグ関連本が出版され出版社四社連合で東京の八重洲ブックセンターにおいてスウェーデンボルグブックフェアが開催された。

さらに二〇〇五年スウェーデンボルグの全著作や遺稿の手稿、手紙類などが「スウェーデンボルグコレクション」の名称のもとにユネスコ世界記憶遺産に登録された。再び盛り上がるこの大きなうねりの中、私自身も国内外の学会やシンポジウムで発表し、論文や著書にまとめることができた。

今回その集大成として本書を出版するにあたり、一般の方々に対象を拡げ、学術書の体裁よりも自由にのびのびと書き伝えたいと願った。

本書が出版されるにあたっては多くの方々のお世話になった。青土社の菱沼達也さんには本書の企画から編集の全工程に至るまで一切の労をおとりいただいた。心より厚く御礼申し上げます。また原稿入力をすべて引き受けてくれた娘美乃と、筆者に全体を通して助言を与え、支え続けてくれた妻千春に感謝します。

本書が広範な読者を得、人間の永生への理解が深まることを願ってやまない。

二〇二一年　初夏

高橋和夫

著者　高橋和夫（たかはし・かずお）

1946年佐渡に生れる。1980年学習院大学大学院人文科学研究科哲学専攻博士課程単位取得満期退学。1979年より主として東京都内の大学で教え、現在文化学園大学名誉教授。主な著書・訳書・編書に『カントの生涯と学説』（E・カッシーラー著、共訳、みすず書房、1986年）、『転身期のスウェーデンボリ』（A・アクトン著、未來社、1987年）、『E・スウェーデンボルグ――持続するヴィジョン』（R・ラーセン編、日本語版監修、春秋社、1992年）、『スウェーデンボルグの思想』（講談社現代新書、1995年）、『スウェーデンボルグの宗教世界』（人文書院、1997年）、『スウェーデンボルグの霊界日記』（角川文庫ソフィア、1998年）、『スウェーデンボルグ天界と地獄』（PHP研究所、2008年）、『新井奥邃』（共著、東京大学出版会、2010年）、『私の宗教』（ヘレン・ケラー著、共訳、未來社、2013年）、『霊性と東西文明』（共著、勉誠出版、2016年）、『スウェーデンボルグ、聖書を読む』（論創社、2019年）他多数。

スウェーデンボルグのことばと思想
永生への扉をひらく

2021年8月25日　第1刷印刷
2021年9月10日　第1刷発行

著者――高橋和夫
発行人――清水一人
発行所――青土社

〒101-0051　東京都千代田区神田神保町1-29　市瀬ビル
［電話］03-3291-9831（編集）03-3294-7829（営業）
［振替］00190-7-192955

印刷・製本――双文社印刷
装幀――今垣知沙子

Printed in Japan

ISBN978-4-7917-7411-1 C0010